직장인이라면
누구나 한 번쯤
말하게 되는

비즈니스
영어회화
표현 훈련 1

비즈니스 영어 회화 표현 훈련 1

저자 | 심재원
초판 1쇄 인쇄 | 2015년 7월 20일
초판 1쇄 발행 | 2015년 7월 27일

발행인 | 박효상
총괄이사 | 이종선
편집장 | 김현
편집 | 박혜민
디자인 | 손정수
마케팅 | 이태호, 이전희
디지털콘텐츠 | 이지호
관리 | 김태옥

종이 | 월드페이퍼
인쇄 · 제본 | 현문자현

출판등록 | 제10-1835호
발행처 | 사람in
주소 | 121-839 서울시 마포구 양화로11길 14-10(서교동) 4F
전화 | 02) 338-3555(代)   팩스 | 02) 338-3545
E-mail | saramin@netsgo.com
Homepage | www.saramin.com

:: 책값은 뒤표지에 있습니다.
:: 파본은 바꾸어 드립니다.

ⓒ 심재원 2015

ISBN 978-89-6049-560-9 14740
       978-89-6049-559-3 (set)

사람이 중심이 되는 세상, 세상과 소통하는 책 사람in

직장인이라면
누구나 한 번쯤
말하게 되는

비즈니스
영어 회화
표현 훈련

심재원 지음

1

사람in

이 책을 열며

유창하고 화려한 영어보다
내게 꼭 필요한 영어 회화를 목표로!

스티브 잡스의 명언 중에 "Skate where the puck is going to be."란 말이 있습니다. 이 말은 캐나다의 국민 영웅이자 전설의 하키 선수 웨인 그레츠키가 남긴 "(퍽이 있던 곳이 아닌) 퍽이 향할 곳에 가 있어라."를 인용한 말인데요. 아이폰으로 미래 IT 길목을 단숨에 장악해 버린 스티브 잡스다운 발상이라 하겠습니다.

하지만 과연 우리는 영어 공부에서 이런 식의 실천을 하고 있을까요? '그 회사에 서류라도 넣으려면 토익이 OOO점 넘어야 돼' 하면서 실제 필요한 영어보다 스펙 쌓기 영어(시험 영어) 공부만 하는 게 현실입니다. 그렇게 힘들게 공부해서 회사에 들어가면 어떨까요? 왠지 비즈니스 영어 하면 어렵고 고급스런 문장을 써야 할 것 같아서 이것저것 많이 들어 있는 책을 구입하지만 며칠 하다 그만둬 버립니다. 질려서 말이죠. 여기서 질문 하나 할게요. 그 많은 표현들이 다 필요할까요? 자신 있게 말씀드리지만 아닙니다. 실제 비즈니스 현장에서 많이 쓰이는 표현들은 정해져 있고, 그 표현들을 응용하여 더 많은 말을 하게 되는 겁니다.

우리 뇌에는 시냅스라는 기억저장소가 있는데, 청소년기를 거치면서 기억을 가지치기해 갑니다. 강렬한 부분은 남기고 잘 쓰지 않고 불필요해 보이는 것들은 폐기해 버리는 거죠. 본 교재『비즈니스 영어 회화 표현 훈련』시리즈에서도 활용도가 높지 않은 표현이나 패턴은 과감히 가지치기를 했습니다. 심플하면서도 핵심을 놓치지 않는, 불편하지 않을 만큼의 필요한 영어를 지향했다는 거죠. 그럼 우리에게 필요한 영어를 어떻게 공부해야 할까요?

✔ 큰 목적을 원활한 의사소통에 두자

사전 나열식 비즈니스 표현집도 그 효용이 분명 있습니다. 하지만 그걸 다 외운다는 건 절대 쉽지 않습니다. 그리고 그걸 다 외운다 한들 실제로 활용하는 건 얼마 되지 않을 수도 있고요. 세상은 빠르게 변하고 있고, 우리 직장인들의 삶도 이미 충분히 복잡하고 골치가 아픕니다. 그렇다면 심플하면서도 의사소통에 불편하지 않을 정도만큼만 영어를 하는 게 요즘 같은 시대에 더 효과적이지 않을까요?

✔ 반드시 소리 내어 읽는 훈련을 하자

이미 취업의 관문을 뚫고 입사한 직장인들에게 영어의 필요성은 대부분 띄엄띄엄 다가옵니다. 아주 특수한 몇 곳을 빼고는 입사 후 영어에 손을 놓게 되는 경우가 많지요. 실제로 그 힘들게 공부했던 영어를 전혀 사용하지 않는 곳도 태반이고요. 그러다 승진 심사 등에 필요한 영어나 근무 환경이 영어 소통 위주로 바뀌게 되면 다시 영어를 해야겠다는 필요성을 느끼게 됩니다. 이렇게 영어에 손을 놓았던 직장인에게 과연 어떤 공부가 필요할까요? 자신의 녹슨 영어 스피킹에 기름칠을 해줄 수 있는 가장 효과적인 방법은 바로 '소리 내어 읽기(낭독 훈련)'입니다. 낭독 훈련은 영어 전문가들이 누누이 강조해 온 연습법인데요. 문제는 실천하기가 참 쉽지 않습니다. 주변에 영어 교재와 강좌는 넘쳐나지만 정말 중요한 것은 필요한 만큼의 표현을 훈련 프로세스를 통해 내 몸에 익혀 둬야 한다는 점입니다. 본 교재는 꾸준한 훈련이 가능하게 구성하여 영어 스피킹을 다시 시작하는 학습자에게 표현 지식과 훈련 프로세스를 동시에 제공하고 있습니다.

세상의 모든 것과 마찬가지로 본 교재가 만병통치약은 아닐 것입니다. 어떤 교재나 강좌도 그렇게 해줄 순 없고요. 하지만 본 교재로 화려하고 멋진 영어보다는 꼭 필요한 비즈니스 영어 실력을 쌓을 수 있기를 바랍니다. 나아가『비즈니스 영어 회화 표현 훈련』시리즈를 디딤돌 삼아 고급 수준의 영어로 도약해 나가길 희망합니다. 왜냐하면 영어만큼은 정말 평생을 따라다니니까요. 끝으로 스티브 잡스의 명언 하나를 더 인용하며 여러분들의 건승을 기원합니다.

"Put a dent in the universe."
(우주에 흔적을 남겨라.)

저자 심재원

이 시리즈의 특징과 구성

영어는 의사소통을 위한 수단입니다. 영어 학습은 이 의사소통 능력을 얻기 위한 노력인데, 이 능력을 습득하기 위해서는 다음 세 가지 요소가 필요합니다.

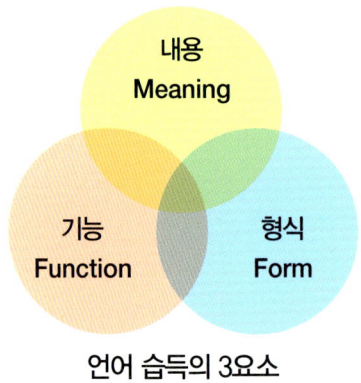

언어 습득의 3요소

'내용'이란 말하고자 하는 바(What)를 의미하고, '형식'은 내용을 어떻게 전달하는지(How)와 그 형태를 말합니다. 그리고 '기능'은 어떤 상황, 장면(When)에서 또는 어떤 목적(for What Purpose)으로 그 내용과 형식이 필요한지를 담당합니다. 의사소통 능력이란 이 3요소를 효과적으로 통합하여 사용할 수 있는 능력을 말합니다. 따라서 영어 스피킹 교재의 구성에는 이 세 가지 요소가 필수적으로 포함되어야 하지요. 나아가 이 3요소를 훈련 프로세스를 통해 몸으로 체득할 수 있는 구조도 필요합니다. 이것을 반영한 『비즈니스 영어 회화 표현 훈련』 시리즈는 다음과 같은 특징이 있습니다.

1. 현실감 100% 비즈니스 상황에 공감 120% 회화 표현

직장인이라면 누구나 겪게 되는 상황을 선정하여 그 상황에서 영어로 꼭 표현하고 싶은 문장들로만 골랐습니다. 페이지를 넘길 때마다 "어, 이거 내가 영어로 말하고 싶은 문장인지 어떻게 알았지?"하는 감탄이 나올 거라 확신합니다.

2. 군더더기는 쏙 빼고 알짜만 쏙쏙 뽑은 회화 표현의 에센스

백년 가야 한번 써 먹을까 말까한 표현들은 과감히 쳐내고 활용하기에 불편하지 않을 만큼만, 그러면서도 핵심은 빼먹지 않은 표현들로만 추렸습니다. 여기에 나온 표현만 완전하게 자기 것으로 만든다면 어떤 비즈니스 상황에 처하더라도 당황하지 않고 영어로 의사소통을 원활히 할 수 있을 것입니다.

3. 강화된 낭독 훈련 프로세스

구슬이 서 말이어도 꿰어야 보배이듯, 아무리 공감 가는 좋은 문장이어도 입 밖으로 내어 말하지 않으면 아무 소용이 없습니다. 그렇다고 독자들에게 그냥 읽으라고만 강요하는 것도 무책임하고요. 그래서 조금이라도 더 수월하게 읽기(낭독) 훈련을 할 수 있도록 장치를 두어 본 교재에서 하라는 대로만 하면 영어 스피킹에 자신감을 가질 수 있게 했습니다.

『비즈니스 영어 회화 표현 훈련』 시리즈 구성

비즈니스 영어 회화 표현 훈련 1	비즈니스 영어 회화 표현 훈련 2
일상 업무 업무 보고·관리하기 전화 영어 해외 출장	회의·토론하기 마케팅·구매·배송하기 협상·계약하기 프레젠테이션 하기

이 책의 구성

본 교재는 언어 습득의 3요소인 '내용, 형식, 기능'을 바탕으로 다음과 같이 구성되어 있습니다. 전반적인 비즈니스 상황을 크게 4개 파트로 나누었고, 각 파트에는 10개의 개별 상황이 설정되어 있습니다. 각 상황은 3-STEP 훈련 프로세스와 실전 회화 순으로 진행됩니다.

STEP 1 Biz 공감 문장을 찾아라

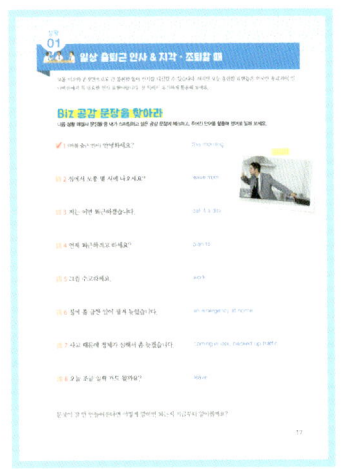

일반 직장인에게 영어가 필요한 순간은 대부분 어떤 상황을 해결해야 하는 경우들입니다. 활용 빈도가 가장 높고 공감이 가는 말을 주어진 영어 hint를 활용해 어떻게 영어로 표현할지 고민해 보는 것이 스텝 1입니다. 바로 문장을 대하는 것보다 자신이 문장을 만들려고 노력해 볼 때 기억력이 훨씬 배가됩니다.

STEP 2 청크로 스피킹을 확장하라

스텝 2에서는 앞서 고민해 보았던 영어 표현의 정답이 나옵니다. 여기서도 단순 답변 제시가 아니라 영어 어순에 따라 청크로 제시되어 있습니다. 해당 문장의 기능과 취지, 세부 표현 등을 자세히 소개하고 있는데요. 성인 학습자의 장점인 이해력(스키마)을 최대한 활용하여 영어 문장을 완벽히 이해해 보도록 합니다.

STEP 3 낭독 훈련으로 문장을 체화하라

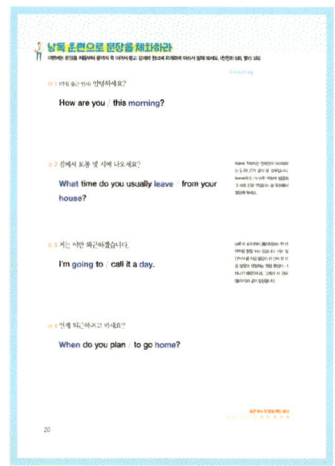

타 교재들이 표현의 나열과 설명에 그치고 마는 경우가 많은데, 영어 스피킹 학습은 그렇게 눈으로 훑고 넘어가는 식으론 절대 실력 향상이 이루어지지 않습니다.

스텝 3에서는 앞서 이해를 끝낸 문장들을 몸에, 정확하게는 입에 체득할 수 있게 낭독 훈련 프로세스를 담고 있습니다. 유창성을 최대한 끌어올릴 수 있도록 끊어 읽기, 발음, 연음, 강세와 억양에 대한 낭독 코칭 팁도 담았습니다.

'입을 여는 순간 기적이 시작된다'는 것을 철저히 믿고 직접 체험해 보시길 권합니다.

실전 회화 성공 비즈니스톡에 도전하라

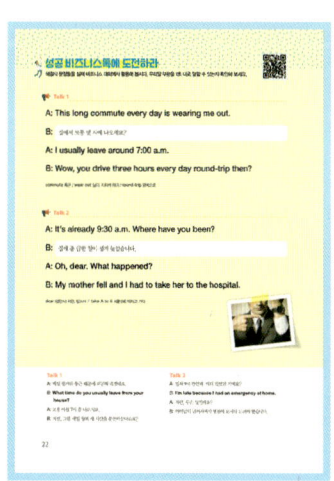

각 상황의 마지막 순서로 앞서 배운 문장들을 실제 대화 속에서 시뮬레이션 해보는 과정입니다. 회화 표현의 실제 쓰임을 확인해 볼 수 있으며, 나머지 대화 문장에서도 유용한 표현을 많이 얻을 수 있습니다. 반드시 여러 번 읽고 완전히 외우도록 하세요.

이 문장만은 반드시!

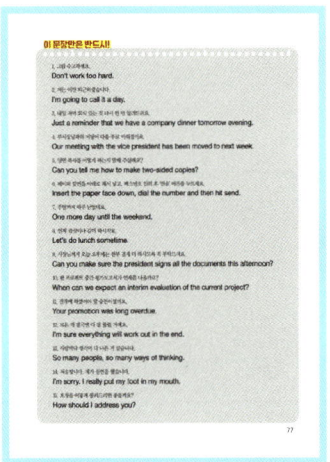

각 파트 내에 10개의 상황 별 회화 표현 학습이 끝난 후 그 중에서도 직장 내 활용도가 더 높은 표현 15개를 골랐습니다. 영어 부분을 가리고 한글 표현만 보고도 0.1초 내에 해당 영어 문장이 나오는지 확인해 보세요.

쉬어가기

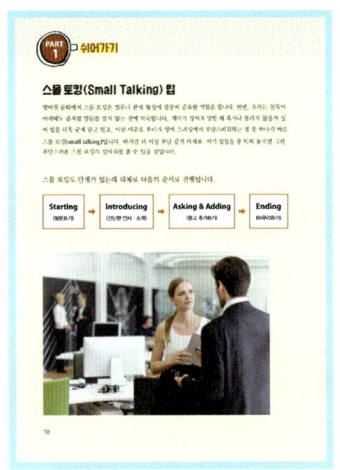

각 파트가 끝난 후 스몰 토킹, 액티브 리스닝, 영어 낭독 훈련, 글로벌 비즈니스 에티켓 등 알고 있으면 영어 학습자들에게 정말 유용한 내용의 팁을 수록했습니다. 보면서 학습 방향에 대한 조언도 얻고 새로운 지식도 쌓을 수 있으리라 자신합니다.

본 교재의 MP3 파일은 www.saramin.com에서 다운로드 받으실 수 있습니다.

 목차

PART 1 Daily Working: 일상 업무

상황 01. 일상 출퇴근 인사 & 지각·조퇴할 때 17
상황 02. 업무·미팅·행사 등의 일정을 공지할 때 23
상황 03. 사무기기 사용법을 묻거나 답할 때 29
상황 04. 직원들과 가벼운 스몰 토크를 나눌 때 35
상황 05. 업무 협조를 요청할 때 41
상황 06. 인사이동이 생겼을 때 (축하·격려·기원·위로 등) 47
상황 07. 조직 내 갈등에 유연하게 대처할 때 (유보·중립적인 표현) 53
상황 08. 방문객이나 바이어가 내방했을 때 (소개·응대) 59
상황 09. 회사 상황을 짧게 설명할 때 (역사·규모·실적·전망 등) 65
상황 10. 바이어를 대접할 때 (권유·배웅) 71
이 문장만은 반드시! 77
쉬어가기 스몰 토킹(Small Talking) 팁 78

PART 2 Reporting & Supervising: 업무 보고·관리하기

상황 11. 보고 사항의 개요를 말할 때 (서두) 85
상황 12. 진행 중인 상황을 보고할 때 (본론) 91
상황 13. 필요한 액션을 설명할 때 (결론) 97
상황 14. 사안에 대한 의견·견해 등을 제시할 때 103
상황 15. 업무 진행의 어려움을 어필할 때 109
상황 16. 업무 지시를 내릴 때 115
상황 17. 업무 진행 상황을 확인·점검할 때 121
상황 18. 업무 관련 의문 사항을 질문할 때 127
상황 19. 문제 또는 불만 사항을 처리할 때 133
상황 20. 실적·성과·급여·복리후생 등을 상의할 때 139
이 문장만은 반드시! 145
쉬어가기 액티브 리스닝(Active Listening) – 요점을 확인하며 들어라! 146

11

PART 3 Telephoning: 전화 영어

- 상황 21. 갑자기 영어로 걸려온 전화를 받았을 때 ... *151*
- 상황 22. 상대방 메시지를 받아 둘 때 ... *157*
- 상황 23. 찾는 사람 부재 시 메시지를 남길 때 ... *163*
- 상황 24. 상대방에게 음성 메시지를 남길 때 ... *169*
- 상황 25. 상사의 메시지 전달이나 약속을 신청할 때 ... *175*
- 상황 26. 일정 · 방문 계획 등을 의논할 때 (방문 전 일정을 잡기 위해) ... *181*
- 상황 27. 일정 변경 · 취소 · 연기가 필요할 때 ... *187*
- 상황 28. 팩스 · 이메일 · 우편 · 배송 등의 도착을 확인할 때 ... *193*
- 상황 29. 전화상으로 핑계나 구실을 댈 때 (세일즈 · 기부 요청 · 응대 회피) ... *199*
- 상황 30. 전화 통화를 마무리할 때 (통화 내용 확인 및 적절한 마무리 인사 표현) ... *205*
- **이 문장만은 반드시!** ... *211*
- **쉬어가기** 다시 시작하는 영어 스피킹 – 영어 낭독 훈련이 답이다! ... *212*

PART 4 Business Traveling: 해외 출장

- 상황 31. 공항 시설 이용 · 보안 검색을 받을 때 ... *219*
- 상황 32. 입국심사 · 수하물 찾기 · 세관을 통과할 때 ... *225*
- 상황 33. 택시 등 대중교통을 이용할 때 ... *231*
- 상황 34. 길이나 장소 확인이 필요할 때 ... *237*
- 상황 35. 호텔 등 숙박시설을 이용할 때 ... *243*
- 상황 36. 식사나 음료를 주문할 때 ... *249*
- 상황 37. 사무실을 방문했을 때 ... *255*
- 상황 38. 박람회 · 전시장 등을 관람할 때 ... *261*
- 상황 39. 관심 제품 · 서비스에 대해 정보를 얻을 때 ... *267*
- 상황 40. 분실 · 도난 · 사고를 당했을 때 ... *273*
- **이 문장만은 반드시!** ... *279*
- **쉬어가기** 글로벌 비즈니스 에티켓(Global Business Etiquette) ... *280*

Always bear in mind that your own resolution to succeed is more important than any other.

늘 명심하라. 성공하겠다는 너 자신의 결심이 다른 어떤 것보다도 중요하다는 것을.

– Abraham Lincoln (에이브러햄 링컨-미국 제16대 대통령)

PART 1

Daily Working
일상 업무

비즈니스 회화 실력을 키우고 싶으세요? 그렇다면 거창한 표현을 쓰려고 하기보다 출근해서 고정적으로 하는 일만이라도 영어로 거침없이 시원하게 표현하는 것을 목표로 하세요. 여기 나온 표현들만 계속 말하고 훈련하다 보면 비즈니스 자신감이 쑥 솟아오를 것입니다.

상황 01. 일상 출퇴근 인사 & 지각 · 조퇴할 때

상황 02. 업무 · 미팅 · 행사 등의 일정을 공지할 때

상황 03. 사무기기 사용법을 묻거나 답할 때

상황 04. 직원들과 가벼운 스몰 토크를 나눌 때

상황 05. 업무 협조를 요청할 때

상황 06. 인사이동이 생겼을 때 (축하 · 격려 · 기원 · 위로 등)

상황 07. 조직 내 갈등에 유연하게 대처할 때 (유보 · 중립적인 표현)

상황 08. 방문객이나 바이어가 내방했을 때 (소개 · 응대)

상황 09. 회사 상황을 짧게 설명할 때 (역사 · 규모 · 실적 · 전망 등)

상황 10. 바이어를 대접할 때 (권유 · 배웅)

Punctuality is the soul of business.
– Thomas Halyburton. (토마스 할리버튼)

시간 엄수는 비즈니스의 영혼이다.

상황 01 일상 출퇴근 인사 & 지각·조퇴할 때

보통 미소와 손짓만으로도 큰 불편함 없이 인사를 대신할 수 있습니다. 하지만 오늘 훈련할 표현들은 외국인 동료와의 인터액션에서 꼭 필요한 인사 표현이랍니다. 잘 익혀서 요긴하게 활용해 보세요.

Biz 공감 문장을 찾아라

다음 상황 해결사 문장들 중 내가 스피킹하고 싶은 공감 문장에 체크하고, 주어진 단어를 활용해 영어로 말해 보세요.

✔ **1** (아침 출근 인사) 안녕하세요? 　　　　　this morning

2 집에서 보통 몇 시에 나오세요? 　　　　　leave from

3 저는 이만 퇴근하겠습니다. 　　　　　　　call it a day

4 언제 퇴근하려고 하세요? 　　　　　　　　plan to

5 그럼 수고하세요. 　　　　　　　　　　　work

6 집에 좀 급한 일이 생겨 늦었습니다. 　　　an emergency at home

7 사고 때문에 정체가 심해서 좀 늦겠습니다. coming in late, backed up traffic

8 오늘 조금 일찍 가도 될까요? 　　　　　　leave

문장이 잘 안 만들어진다면 어떻게 말하면 되는지 지금부터 알아볼까요?

청크로 스피킹을 확장하라

문장을 영어 어순에 따라 조금씩 확장하며 말해 보세요.

1 (아침 출근 인사) 안녕하세요?

How are you / this morning?

어떠세요   오늘 아침에

Hi, Good morning, How are you? 등 아침 출근 인사에 여러 가지 표현이 있어요. How are you 뒤에 '오늘 아침'을 강조해서 this morning을 넣으면 조금 색다른 맛의 인사가 될 것입니다.

2 집에서 보통 몇 시에 나오세요?

What time do you usually leave / from your house?

보통 몇 시에 떠나나요   당신의 집으로부터

출근길에 아는 외국인 동료와 마주쳤어요. 그럼 어색하게 말없이 걷는 것보다 이런 질문을 해보면 좋겠죠. 집에서 나오다(출근하다)
leave from one's house

3 저는 이만 퇴근하겠습니다.

I'm going to / call it a day.

저는 ~할 것입니다   그만 마치기로 하는

call it a day는 퇴근 무렵에 '일을 마무리하고 그만 마치다'는 의미로 쓸 수 있는 표현이에요.

4 언제 퇴근하려고 하세요?

When do you plan / to go home?

언제로 계획하세요   집에 가는 것을

퇴근이 결국 집에 가는 거잖아요. 그냥 go home으로 하면 됩니다.
~하려고 계획하다 plan to+동사원형

18 PART **1** Daily Working

🎧 01-01

■ 5 그럼 수고하세요.

Don't work / too hard.
일하지 마세요   너무 열심히

'수고하세요' 이 말은 참 자주하지만 영어에는 이 말에 꼭 맞는 표현이 딱히 없답니다. 대신 Don't work too hard.나 Take care. 또는 Take it easy. 등의 표현을 써 주면 영어 정서에 더 맞아요.

■ 6 집에 좀 급한 일이 생겨 늦었습니다.

I'm late / because I had an emergency / at
늦었습니다   급한 일이 있었기 때문에   집에
home.

집안에 피치 못할 일이 생겨서 지각하게 되는 경우가 있습니다. 그럴 때 쓸 수 있어요. 또는 적당한 변명이 필요할 때 써 먹을 수도 있겠지요.

■ 7 사고 때문에 정체가 심해서 좀 늦겠습니다.

I'll be coming in late / because an accident
(출근이) 좀 늦겠습니다   사고가 교통을 정체시키기 때문에
has backed up traffic.

지각 사유가 매번 traffic jam(교통 체증)이라고 하는 것도 식상하지요. 사고 때문에 정체가 심해서 늦겠다고 구체적으로 표현해 보세요. 지각하다, 늦다 come in late 정체시키다 back up

■ 8 오늘 조금 일찍 가도 될까요?

Can I leave / a little early today?
떠나도 될까요   오늘 좀 일찍

조퇴가 회사에서 일찍 떠나는 거죠? leave early로 간단하게 표현할 수 있어요.

낭독 훈련으로 문장을 체화하라

이번에는 문장을 처음부터 끝까지 죽 이어서 듣고 강세와 청크에 유의하며 따라서 말해 보세요. (천천히 5회, 빨리 5회)

Coaching

1 (아침 출근 인사) 안녕하세요?

How are you / this **morning**?

2 집에서 보통 몇 시에 나오세요?

What time do you usually **leave** / from your **house**?

leave from은 한국인이 어려워하는 [v]와 [f]가 같이 온 경우입니다. leave의 [v]가 아주 약하게 발음되고 바로 [f]로 연결되는 걸 주의해서 발음해 보세요.

3 저는 이만 퇴근하겠습니다.

I'm **going** to / call it a **day**.

call it a가 마치 [콜리러]라는 한 단어처럼 들릴 수도 있습니다. 이는 앞 단어의 끝 자음 발음이 뒤 단어 첫 모음 발음과 연결되는 연음 현상이 나타나기 때문이지요. 그래서 이 경우 [콜리러]와 같이 발음됩니다.

4 언제 퇴근하려고 하세요?

When do you plan / to go **home**?

훈련 횟수 및 암송 확인 체크

🎧 01-02

Coaching

5 그럼 수고하세요.

Don't work / too **hard**.

6 집에 좀 급한 일이 생겨 늦었습니다.

I'm **late** / because I had an **emergency** / at **home**.

had an emergency 부분도 연음이 되어 마치 한 단어처럼 발음됩니다.

7 사고 때문에 정체가 심해서 좀 늦겠습니다.

I'll be coming in **late** / because an **accident** has backed up **traffic**.

an accident가 연음되어 [어낵시던트]처럼 발음됩니다. 문장 뒤 부분의 backed up도 [백덥]으로 연음되어 발음되는 것에 주의하세요.

8 오늘 조금 일찍 가도 될까요?

Can I **leave** / a little early **today**?

01 일상 출퇴근 인사 & 지각·조퇴할 때 **21**

성공 비즈니스톡에 도전하라

🎧 01-03

해결사 문장들을 실제 비즈니스 대화에서 활용해 봅시다. 우리말 부분을 1초 내로 말할 수 있는지 확인해 보세요.

📢 Talk 1

A: This long commute every day is wearing me out.

B: 집에서 보통 몇 시에 나오세요?

A: I usually leave around 7:00 a.m.

B: Wow, you drive three hours every day round-trip then?

commute 통근 / wear out 닳다, 지치게 하다 / round-trip 왕복으로

📢 Talk 2

A: It's already 9:30 a.m. Where have you been?

B: 집에 좀 급한 일이 생겨 늦었습니다.

A: Oh, dear. What happened?

B: My mother fell and I had to take her to the hospital.

dear (감탄사) 저런, 맙소사 / take A to B A를 B로 데리고 가다

Talk 1
A: 매일 장거리 통근 때문에 피곤해 죽겠네요.
B: **What time do you usually leave from your house?**
A: 보통 아침 7시 쯤 나오지요.
B: 저런, 그럼 매일 왕복 세 시간을 운전하신다고요?

Talk 2
A: 벌써 9시 반인데, 어디 있었던 거예요?
B: **I'm late because I had an emergency at home.**
A: 저런, 무슨 일인데요?
B: 어머님이 넘어지셔서 병원에 모셔다 드려야 했습니다.

상황 02 업무·미팅·행사 등의 일정을 공지할 때

업무 일정을 공지해야 할 때 활용할 수 있는 표현입니다. 입에 익숙하도록 각각의 표현들을 연습하면서 기본 패턴도 잘 봐 두세요. 나중에 여러 상황에서 쓸 수 있을 거예요.

Biz 공감 문장을 찾아라

다음 상황 해결사 문장들 중 내가 스피킹하고 싶은 공감 문장에 체크하고, 주어진 단어를 활용해 영어로 말해 보세요.

☑ **1** 오늘 오후에 주간회의가 있겠습니다.　　weekly meeting

▪ **2** 내일 월간 영업 보고 회의에 늦지 않으시길 바랍니다.　　sales report

▪ **3** 오픈 마케팅 워크숍을 개최합니다.　　hold

▪ **4** 내일 저녁에 회식 있는 것 다시 알려 드려요.　　company dinner

▪ **5** 일정에 변경 사항이 있습니다.　　in the schedule

▪ **6** 부사장님과의 미팅이 다음 주로 미뤄졌어요.　　moved to

▪ **7** 홍보 이벤트가 차후 공지가 있을 때까지 연기됐습니다.　　further notice

▪ **8** 다음 달에 자선 행사를 계획하고 있는 걸 참고해 주십시오.　　charity event

문장이 잘 안 만들어진다면 어떻게 말하면 되는지 지금부터 알아볼까요?

청크로 스피킹을 확장하라

문장을 영어 어순에 따라 조금씩 확장하며 말해 보세요.

---

1 오늘 오후에 주간회의가 있겠습니다.

We're going to / have a weekly meeting /
우리는 ~할 것입니다   주간회의를 가질

this afternoon.
오늘 오후에

회의하다 have a meeting
주간의 weekly

---

2 내일 월간 영업 보고 회의에 늦지 않으시길 바랍니다.

Please be on time / for the monthly sales
제시간에 오시길 바랍니다   월간 영업 보고 회의에

report meeting / tomorrow.
　　　　　　　　　내일

'~을 하기 위한 시간'은 전치사 for를 써서 time for ~라고 합니다.
제시간에 오다/대다 be on time

---

3 오픈 마케팅 워크숍을 개최합니다.

We're holding / an open marketing workshop.
우리는 개최합니다   오픈 마케팅 워크숍을

가까운 미래에 할 일은 현재진행형으로 말하는 경우가 많아요.
개최하다, (행사를) 열다 hold

---

4 내일 저녁에 회식 있는 것 다시 알려 드려요.

Just a reminder / that we have a company
다시 알려 드려요   회식이 있다는 것을

dinner / tomorrow evening.
　　　　　내일 저녁에

상기시켜 드리자면 just a reminder
회식 company dinner

■ 5 일정에 변경 사항이 있습니다.

There are some changes / in the schedule.
몇 개의 변경 사항이 있습니다　　　　　일정에

> 변경 사항이라고 해서 어려운 단어를 생각할 필요는 없어요. 간단히 changes라고 하면 됩니다.

■ 6 부사장님과의 미팅이 다음 주로 미뤄졌어요.

Our meeting with the vice president /
부사장님과의 우리 미팅이

has been moved to / next week.
미뤄졌어요　　　　　　　　다음 주로

> '~가 (언제로) 미뤄지다'는 「be moved to+(언제)」로 간단히 표현할 수 있습니다.

■ 7 홍보 이벤트가 차후 공지가 있을 때까지 연기됐습니다.

The promotional event / has been postponed
홍보 이벤트가　　　　　　　　　연기됐습니다

/ until further notice.
　　차후 공지 시까지

> 연기가 된 것이므로 수동형 be postponed로 표현하면 되겠지요.

■ 8 다음 달에 자선 행사를 계획하고 있는 걸 참고해 주십시오.

Please note / that we're planning /
참고해 주십시오　　우리가 ~을 계획하고 있는 걸

a charity event / next month.
자선 행사를　　　　　다음 달에

> 자선 행사 charity event

낭독 훈련으로 문장을 체화하라

이번에는 문장을 처음부터 끝까지 죽 이어서 듣고 강세와 청크에 유의하며 따라서 말해 보세요. (천천히 5회, 빨리 5회)

1 오늘 오후에 주간회의가 있겠습니다.

We're **going** to / have a **weekly** meeting / this **afternoon**.

Coaching
We're는 [위어]라고 are 발음을 약하게 발음해 거의 들리지 않습니다. meeting의 [t]는 약화되어 [미링]과 같이 발음됩니다.

2 내일 월간 영업 보고 회의에 늦지 않으시길 바랍니다.

Please be on **time** / for the **monthly** sales report **meeting** / **tomorrow**.

3 오픈 마케팅 워크숍을 개최합니다.

We're **holding** / an **open marketing** workshop.

open은 [오픈]이 아니라 [오우픈]으로 [ou] 발음을 확실히 해줘야 영어답게 들립니다. marketing의 [t]도 약화되어 [마케링]처럼 발음됩니다.

4 내일 저녁에 회식 있는 것 다시 알려 드려요.

Just a **reminder** that / we have a **company dinner** / **tomorrow evening**.

훈련 횟수 및 암송 확인 체크

26 PART **1** Daily Working

Coaching

■ 5 일정에 변경 사항이 있습니다.

There're some changes / in the schedule.

■ 6 부사장님과의 미팅이 다음 주로 미뤄졌어요.

Our meeting with the vice president / has been moved to / next week.

moved to에서 [d]는 바로 다음의 [t]를 만나 거의 탈락되어 [무브트] 같이 발음됩니다. next week에서는 [t] 역시 탈락시키고 [넥스웍]과 같이 발음하면 됩니다.

■ 7 홍보 이벤트가 차후 공지가 있을 때까지 연기됐습니다.

The promotional event / has been postponed / until further notice.

postponed는 중간의 [t]가 거의 소리나지 않아 [포우스폰]처럼 발음됩니다. notice의 [t]는 모음 사이에서 빨리 발음되면 [r]처럼 소리가 납니다.

■ 8 다음 달에 자선 행사를 계획하고 있는 걸 참고해 주십시오.

Please note / that we're planning / a charity event / next month.

성공 비즈니스톡에 도전하라

해결사 문장들을 실제 비즈니스 대화에서 활용해 봅시다. 우리말 부분을 1초 내로 말할 수 있는지 확인해 보세요.

📢 Talk 1

A: 내일 월간 영업 보고 회의에 늦지 않으시길 바랍니다.

B: It's in room 205, right?

A: No, we moved it to 210. It's a larger room.

B: I guess we're expecting more people than usual.

than usual 평소보다

📢 Talk 2

A: I'm planning out tomorrow's schedule. Is there anything I need to know?

B: 내일 저녁에 회식 있는 것 다시 알려 드려요.

A: Oh, right. What time is that again?

B: We made a reservation for 7:00 p.m.

reservation 예약

Talk 1

A: **Please be on time for the monthly sales report meeting tomorrow.**

B: 205호실에서 있는 것 맞죠?

A: 아뇨, 210호실로 옮겼습니다. 더 넓은 방으로요.

B: 평소보다 더 많은 분들이 참석하시나 보네요.

Talk 2

A: 내일 스케줄을 짜고 있는데요. 제가 알아야 할 게 있나요?

B: **Just a reminder that we have a company dinner tomorrow evening.**

A: 아, 그렇죠. 그게 몇 시죠?

B: 오후 7시로 예약을 잡아놨습니다.

상황 03 사무기기 사용법을 묻거나 답할 때

사무기기 조작법 문제는 몇 마디 표현만 알면 쉽게 해결될 건데 그걸 몰라서 시간 낭비에 짜증까지 돋우는 일이 되기도 합니다. 오늘은 복사기, 팩스, 컴퓨터, S/W, 보안장치 등 사무기기 사용에 활용할 수 있는 표현들을 알아봅시다.

Biz 공감 문장을 찾아라

다음 상황 해결사 문장들 중 내가 스피킹하고 싶은 공감 문장에 체크하고, 주어진 단어를 활용해 영어로 말해 보세요.

☑ 1 양면 복사를 어떻게 하는지 말해 주실래요?   two-sided copies

☐ 2 이 페이지를 80%로 축소하려면 어떻게 하죠?   reduce this page

☐ 3 이 복사기에 호치키스 기능이 있나요?   a staple function

☐ 4 컴퓨터가 제 USB를 인식하는 데 문제가 좀 있어요.   recognize my USB

☐ 5 이 프로그램은 스펠 체크 기능이 어디 있나요?   spell-check function

☐ 6 종이 앞면을 아래로 해서 넣고, 팩스 번호 입력 후 '전송' 버튼을 누르세요.   face down, dial, hit

☐ 7 이 컴퓨터 화면이 계속 멈춰 버려요.   freezing up

☐ 8 코드를 입력한 후에 스타 키를 눌러야 돼요.   press the star key

문장이 잘 안 만들어진다면 어떻게 말하면 되는지 지금부터 알아볼까요?

청크로 스피킹을 확장하라

문장을 영어 어순에 따라 조금씩 확장하며 말해 보세요.

■ 1 양면 복사를 어떻게 하는지 말해 주실래요?

Can you tell me / how to make two-sided
내게 ~를 말해 줄래요   어떻게 양면 복사를 하는지
copies?

> 「Can you tell[show] me how to+동사원형 ~?」은 자주 쓰이는 패턴이니 꼭 알아두세요.
> 복사하다 make a copy
> 양면 복사 two-sided[double-sided] copy

■ 2 이 페이지를 80%로 축소하려면 어떻게 하죠?

How can I reduce this page / to 80 percent?
어떻게 이 페이지를 줄일 수 있나요   80%로

> '~을 …로 축소하다'는 「reduce ~ to …」로 표현합니다. 반대로 '확대하다'는 enlarge를 쓰면 됩니다.

■ 3 이 복사기에 호치키스 기능이 있나요?

Does this copy machine / have a staple
이 복사기는 ~인가요?   호치키스 기능이 있는
function?

> 호치키스는 한국식 명칭이고요, '스테이플러'라고 해야 원어민들이 알아듣습니다.
> '~이 있다, 없다'고 할 때 우리는 「There is ~」 구문을 많이 떠올리는데 have 동사로 간단하게 표현하는 것을 잘 알아두세요.

■ 4 컴퓨터가 제 USB를 인식하는 데 문제가 좀 있어요.

I'm having trouble / getting the computer /
문제가 있어요   컴퓨터가 ~하도록 하는 데
to recognize my USB.
내 USB를 인식하는

> 'A가 ~하도록 하다'의 구문에서 사역동사 get은 목적어가 능동형일 때 뒤에 「to+동사원형」을 쓰지요.
> ~하는 데 문제가 있다 have trouble -ing

■ 5 이 프로그램은 스펠 체크 기능이 어디 있나요?

Where is the spell-check function / on this
스펠 체크 기능이 어디 있죠　　　　　　　　　이 프로그램에서
software?

흔히 쓰는 컴퓨터 기능으로는 cut(오려두기), paste(붙이기), undo(취소하기), redo(재실행, 되살리기), configuration(환경설정) 등이 있습니다.
기능 function

■ 6 종이 앞면을 아래로 해서 넣고, 팩스 번호 입력 후 '전송' 버튼을 누르세요.

Insert the paper face down, / dial the number
종이 앞면을 아래로 해서 넣으세요　　　　　　번호를 입력하세요
/ and then hit 'send'.
　　　　그런 다음 '전송' 버튼을 누르세요

'앞면이 아래로 가게는' face down이란 표현을 씁니다. 사람이 엎드려 누워 있는 모습을 표현할 때도 lie face down이라고 하죠. 반대로 '앞면이 위로 가게는' face up이라고 합니다.

■ 7 이 컴퓨터 화면이 계속 멈춰 버려요.

This computer / keeps freezing up on me.
이 컴퓨터가　　　　　계속 얼어버려요

컴퓨터 스크린이나 마우스 등이 먹통이 되어 정지했을 때는 freeze up을 쓰면 됩니다.
계속 ~하다 keep -ing

■ 8 코드를 입력한 후에 스타 키를 눌러야 돼요.

You should press the star key / after entering
스타 키를 눌러야 돼요　　　　　　코드를 입력한 후에
the code.

키를 누르다 press a key
코드를 입력하다 enter the code

낭독 훈련으로 문장을 체화하라

이번에는 문장을 처음부터 끝까지 죽 이어서 듣고 강세와 청크에 유의하며 따라서 말해 보세요. (천천히 5회, 빨리 5회)

Coaching

1 양면 복사를 어떻게 하는지 말해 주실래요?

Can you tell me / how to make **two-sided** copies?

2 이 페이지를 80%로 축소하려면 어떻게 하죠?

How can I **reduce** this page / to **80 percent**?

미국식 영어에서는 [t]가 약화되면 [r]처럼 발음됩니다. 그래서 80[에이티]가 빠르게 발음되면 [에이리]처럼 됩니다.

3 이 복사기에 호치키스 기능이 있나요?

Does this **copy machine** / have a **staple** function?

staple에서 [t]는 'ㄸ'처럼 되어 [스떼이플]같이 됩니다. school이 [스꿀]로 발음되는 것처럼요.
또 staple의 [p] 다음에 function의 [f]가 근접해서 나오므로 주의해서 연습하세요.

4 컴퓨터가 제 USB를 인식하는 데 문제가 좀 있어요.

I'm having **trouble** / getting the **computer** / to **recognize** my USB.

Coaching

■ 5 이 프로그램은 스펠 체크 기능이 어디 있나요?

Where is the spell-check function / on this software?

check는 한국식 발음으로 [체크]라고 하면 안 되고요, 입을 크게 벌려 1음절 [췍]이 되어야 합니다. software도 한국식으로 [소프트웨어] 5음절로 발음하면 안 되는 것에 주의하세요.

■ 6 종이 앞면을 아래로 해서 넣고, 팩스 번호 입력 후 '전송' 버튼을 누르세요.

Insert the paper face down, / dial the number / and then hit 'send'.

■ 7 이 컴퓨터 화면이 계속 멈춰 버려요.

This computer / keeps freezing up on me.

freezing에 발음하기 힘든 [f]와 [z]가 함께 들어 있으니 주의해서 연습하세요. up on me는 연음 처리되어 [어쁜미]처럼 발음되는 것도 유의하세요.

■ 8 코드를 입력한 후에 스타 키를 눌러야 돼요.

You should press the star key / after entering the code.

03-03

성공 비즈니스톡에 도전하라

해결사 문장들을 실제 비즈니스 대화에서 활용해 봅시다. 우리말 부분을 1초 내로 말할 수 있는지 확인해 보세요.

📢 Talk 1

A: 이 프로그램은 스펠 체크 기능이 어디 있나요?

B: Isn't that under the Tools menu?

A: I already looked there, but I can't seem to find it.

B: OK, let me look for it.

tool 도구 / can't seem to+동사원형 ~할 수 없는 것 같다

📢 Talk 2

A: I think I put in the right code, but it's not working.

B: 코드를 입력한 후에 스타 키를 눌러야 돼요.

A: Oh, I didn't know that. Thanks.

B: Anytime.

put in 입력하다 / Anytime. (고맙다는 인사에) 천만에요.

Talk 1

A: **Where is the spell-check function on this software?**

B: '도구' 메뉴 아래에 있지 않아요?

A: 거기는 벌써 봤는데 잘 못 찾겠네요.

B: 알았어요. 제가 한번 찾아볼게요.

Talk 2

A: 코드를 제대로 입력한 것 같은데 작동이 안 되네요.

B: **You should press the star key after entering the code.**

A: 이런, 그걸 몰랐네요. 고마워요.

B: 천만에요.

상황 04 직원들과 가벼운 스몰 토크를 나눌 때

외국인 동료와 마주칠 때 머쓱하게 'Hi!'라고만 말하고 가만히 미소만 짓고 마는 경우가 많습니다. 친근하게 주고받을 수 있는 몇 마디 표현만 알면 서로에게 좋은 인상을 줄 수 있는데 말이죠. 오늘 표현으로 스몰 토크에 도전해 보세요.

Biz 공감 문장을 찾아라

다음 상황 해결사 문장들 중 내가 스피킹하고 싶은 공감 문장에 체크하고, 주어진 단어를 활용해 영어로 말해 보세요.

☑ 1 좀 어떠세요. 평소처럼 바쁘시죠?　　　　staying busy

☐ 2 그냥 그렇죠 뭐. (사무실에서의 또 다른 하루죠.)　another day

☐ 3 오늘 날씨가 장난이 아니죠?　　　　believe

☐ 4 할 일은 많고, 시간은 모자라고….　　many things, little time

☐ 5 오늘을 버티려면 커피가 좀 더 필요하겠네요.　extra coffee, get through

☐ 6 수요일 밖에 안 됐다니 안 믿겨져요.　　can't believe

☐ 7 주말까지 하루 남았네요.　　one more day

☐ 8 언제 점심이나 같이 하시지요.　　do lunch

문장이 잘 안 만들어진다면 어떻게 말하면 되는지 지금부터 알아볼까요?

청크로 스피킹을 확장하라

문장을 영어 어순에 따라 조금씩 확장하며 말해 보세요.

1 좀 어떠세요, 평소처럼 바쁘시죠?

How are things / staying busy as usual?

(주변 일들은) 좀 어떠세요   평소처럼 바쁘시죠

'주변 상황, 돌아가는 일들, 그런 게 좀 어떠냐?'라고 할 때 How are things? 표현이 있습니다. 그런데 딱 그렇게만 물으면 상대방이 좀 막연한 느낌이 들겠죠? 그래서 바로 뒤에 '평소처럼 바쁘시죠?'라고 붙여 주면 부담 없는 스몰 토크가 될 수 있습니다.

2 그냥 그렇죠 뭐. (사무실에서의 또 다른 하루죠.)

Just another day / at the office.

그냥 또 다른 하루죠   사무실에서

How are you?, How's it going? 같은 안부 인사를 받고서 OK. 또는 Fine.으로 똑같은 말만 하면 재미가 없잖아요. 이렇게 한마디 하면 여러 가지 분위기의 의미를 표현할 수 있습니다.

3 오늘 날씨가 장난이 아니죠?

Can you believe / this weather?

믿어지세요   이 날씨가

스몰 토크 단골 주제 중 하나가 날씨입니다. 이 표현은 날씨가 굉장히 좋지 않거나 반대로 너무 좋을 때 활용할 수 있습니다.

4 할 일은 많고, 시간은 모자라고….

So many things to do, / so little time.

너무나 많은 할 일에   너무나 적은 시간

'~이 많다'고 There are ~만 떠올리지 말고요, 여기처럼 대구(對句)적인 표현을 쓰면 훨씬 영어다운 느낌을 줍니다.

■ 5 오늘을 버티려면 커피가 좀 더 필요하겠네요.

I'm going to / need a little extra coffee /
~하겠어요　　　　커피가 좀 더 필요한

to get through today.
오늘을 버티기 위해

> 커피 한 잔 뽑으러 가면서 이렇게 한 마디 하면 미소가 나올 수 있는 가벼운 농담이 될 거예요.
> (궁지를) 벗어나게 하다, 헤쳐 나가다 get through (something)

■ 6 수요일 밖에 안 됐다니 안 믿겨져요.

I can't believe / it's only Wednesday.
믿을 수가 없어요　　　아직 수요일이라니

> 스몰 토크로 시간과 관련된 표현을 써 주면 좋아요. '이번 주가 참 더디게 간다'는 의미로 모두가 공감할 수 있는 표현이죠.

■ 7 주말까지 하루 남았네요.

One more day / until the weekend.
하루 더 이네요　　　　주말까지

> 쏟아지는 업무로 스트레스가 많은 한 주를 보냈을 때 '오늘 하루만 지나면 주말이다'라고 가볍게 분위기를 띄울 수 있는 한마디로 써 먹기 좋은 표현입니다.

■ 8 언제 점심이나 같이 하시지요.

Let's do lunch / sometime.
점심을 같이 합시다　　　언젠가

> 직장인들이 정말 많이 쓰는 '언제 식사나 같이 하시지요'는 이 문장을 쓰면 됩니다.
> 점심 먹다(구어체 표현) do lunch

낭독 훈련으로 문장을 체화하라

이번에는 문장을 처음부터 끝까지 죽 이어서 듣고 강세와 청크에 유의하며 따라서 말해 보세요. (천천히 5회, 빨리 5회)

Coaching

1 좀 어떠세요, 평소처럼 바쁘시죠?

How are things / staying **busy** as **usual**?

things와 staying 사이에 잠깐의 포즈를 주고, things에서는 억양이 내려갔다가, 마지막 usual에서 일반의문문처럼 올라가는 형태로 발음됩니다.

2 그냥 그렇죠 뭐. (사무실에서의 또 다른 하루죠.)

Just **another** day / at the **office**.

3 오늘 날씨가 장난이 아니죠?

Can you believe / this **weather**?

4 할 일은 많고, 시간은 모자라고….

So **many** things to do, / so **little** time.

앞 구문과 뒤 구문이 대구(對句)를 이루는 표현이라 앞 구문 끝(쉼표 있는 곳)에서 억양이 올라갔다가 뒤 구문에서 내려가는 식으로 발음됩니다. little의 [t]는 약화되어 [r]처럼 발음되고요.

38 PART **1** Daily Working

🎧 04-02

Coaching

■ 5 오늘을 버티려면 커피가 좀 더 필요하겠네요.

I'm going / to **need** a little **extra** coffee / to **get** through today.

going to를 회화체에서 [고나]로 말하는 외국인도 있다는 것, 참고로 알아두세요. get의 [t]는 바로 뒤에 through의 [θ]가 와서 탈락됩니다.

■ 6 수요일 밖에 안 됐다니 안 믿겨져요.

I **can't** believe / it's only **Wednesday**.

믿을 수가 없다는 걸 강조할 때는 can't 부분에 강세를 주지요. it's only 부분은 연음되어 [(이)촌리]처럼 발음됩니다.

■ 7 주말까지 하루 남았네요.

One more day / until the **weekend**.

■ 8 언제 점심이나 같이 하시지요.

Let's do **lunch** / **sometime**.

04 직원들과 가벼운 스몰 토크를 나눌 때 39

성공 비즈니스톡에 도전하라

해결사 문장들을 실제 비즈니스 대화에서 활용해 봅시다. 우리말 부분을 1초 내로 말할 수 있는지 확인해 보세요.

04-03

Talk 1

A: Hi, Woo-sung. How's it going?

B: 그냥 그렇죠 뭐.

A: Yes, I think we could all use a vacation.

B: True, but not when we're this busy.

use a vacation 휴가를 이용하다[가다] / when we're this busy 우리가 이렇게 바쁜 때에

Talk 2

A: Hi, Sang-ho. How are things in your department?

B: Not bad. I haven't seen you in a while.

A: Yeah, it's been a long time since we had a chance to talk.

B: You're right. 언제 점심이나 같이 하시지요.

department 부서 / in a while 한동안 / since ~ 이후로

Talk 1
A: 안녕하세요, 우성 씨. 일은 잘 돼요?
B: **Just another day at the office.**
A: 네, 우리 모두 휴가라도 좀 가야 할 것 같아요.
B: 맞아요. 하지만 이렇게 바쁜 때는 안 되겠죠.

Talk 2
A: 상호 씨, 안녕하세요? 그쪽 부서는 좀 어때요?
B: 그저 그렇죠, 뭐. 한동안 못 봤네요.
A: 그러게요. 말씀 나눈 지도 꽤 오래됐네요.
B: 맞아요. **Let's do lunch sometime.**

상황 05 업무 협조를 요청할 때

업무 협조가 필요한데 간단한 내용을 매번 이메일로 쓰기도 그렇고 손짓발짓도 한계가 있습니다. 자료, 문서, 결재, 조사, 평가 등 업무 협조를 요청할 때 요긴하게 써먹을 수 있는 표현을 익혀 유연하게 업무를 처리해 보세요.

Biz 공감 문장을 찾아라

다음 상황 해결사 문장들 중 내가 스피킹하고 싶은 공감 문장에 체크하고, 주어진 단어를 활용해 영어로 말해 보세요.

☑ 1 지난달 실적 좀 보내 주세요. the numbers

☐ 2 보고서를 이번 주 금요일까지 끝내 주실래요? finish the report

☐ 3 늦어도 월요일까지 결과를 보내 주셔야 합니다. no later than

☐ 4 최대한 빨리 초안 검토 부탁드립니다. the draft

☐ 5 사장님께서 오늘 오후에는 전부 결재하시도록 꼭 부탁드려요. make sure

☐ 6 감사관 분들께 전적으로 협조해 주시기 바랍니다. cooperate fully

☐ 7 시간 될 때 오늘 아침에 보내 드린 설문지 좀 작성해 주세요. fill out

☐ 8 현 프로젝트 중간 평가 보고서가 언제쯤 나올까요? an interim evaluation

문장이 잘 안 만들어진다면 어떻게 말하면 되는지 지금부터 알아볼까요?

청크로 스피킹을 확장하라

문장을 영어 어순에 따라 조금씩 확장하며 말해 보세요.

1 지난달 실적 좀 보내 주세요.

Please send me the numbers / for last month.

실적을 제게 보내 주세요   지난달에 대한

'실적'이라고 할 때는 어떤 결과보다 숫자 자료를 의미하는 경우가 많습니다. 그럴 때 간단하게 numbers 또는 figures를 쓰면 됩니다.

2 보고서를 이번 주 금요일까지 끝내 주실래요?

Could you finish the report / by this Friday?

보고서를 끝내 주실래요   이번 금요일까지

언제까지라고 기한을 표현할 때 전치사 by를 쓰면 됩니다.
보고서를 마치다 finish the report

3 늦어도 월요일까지 결과를 보내 주셔야 합니다.

I need the results / by no later than Monday.

저는 그 결과가 필요해요   늦어도 월요일까지

늦어도 ~까지는 by no later than

4 최대한 빨리 초안 검토 부탁드립니다.

The draft should be reviewed / as soon as possible.

초안이 검토되어야 합니다   최대한 빨리

'초안'은 draft라고 하고요, '최대한 빨리'는 as soon as possible인데 약어로 ASAP이라고 쓰기도 하지요.

■ 5 사장님께서 오늘 오후에는 전부 결재하시도록 꼭 부탁드려요.

Can you make sure / the president signs all
확실히 해주실래요　　　　　사장님이 전부 결재하시는 걸
the documents / this afternoon?
　　　　　　　　　오늘 오후에

「make sure (that) S+V」는 'that절 이하를 반드시(확실히) 하다'를 표현할 때 쓰입니다.
결재하다 sign a document

■ 6 감사관 분들께 전적으로 협조해 주시기 바랍니다.

I'd like to ask you / to cooperate fully with
당신께 부탁하고 싶습니다　　우리 감사관들에게 전적으로 협조하기를
our auditors.

A에게 ~하도록 요청하다 ask+A+to+동사원형
~와(에게) 전적으로 협조하다 cooperate fully with

■ 7 시간 될 때 오늘에 아침 보내 드린 설문지 좀 작성해 주세요.

When you have time, / please fill out the
시간이 있을 때　　　　　　설문지 좀 작성해 주세요
survey / sent this morning.
　　　　오늘 아침에 보내진

양식(form)에 기입하는 것을 fill out으로 표현하지요. the survey와 sent 사이에는 which was가 생략되어 있습니다.

■ 8 현 프로젝트 중간 평가 보고서가 언제쯤 나올까요?

When can we expect / an interim evaluation
우리가 언제로 예상할 수 있나요　현 프로젝트의 중간 평가 보고서를
of the current project?

최종적이거나 확정적이 아닌 그 과정에서의 '중간의, 임시의'의 의미로 interim이란 단어를 알아두세요.
ex) 과도정부 an interim government
임시 조치 an interim measure

낭독 훈련으로 문장을 체화하라

이번에는 문장을 처음부터 끝까지 죽 이어서 듣고 강세와 청크에 유의하며 따라서 말해 보세요. (천천히 5회, 빨리 5회)

Coaching

1 지난달 실적 좀 보내 주세요.

Please send me the **numbers** / for **last** month.

2 보고서를 이번 주 금요일까지 끝내 주실래요?

Could you **finish** the report / by **this Friday**?

Could you는 [d]가 you의 [j]와 연음되어 [쿠쥬]같이 발음됩니다. finish와 Friday의 [f], report의 [r] 발음에 유의하세요.

3 늦어도 월요일까지 결과를 보내 주셔야 합니다.

I need the **results** / by **no** later than **Monday**.

4 최대한 빨리 초안 검토 부탁드립니다.

The **draft** should be **reviewed** / as soon as **possible**.

draft에서처럼 [d]와 [r]이 겹쳐 나올 때는 [즈]에 가깝게 소리가 납니다. reviewed에서 -ed 부분의 [d] 발음하는 것, 빼먹지 마세요. as soon as는 연음되어 [애쑤내즈]처럼 발음됩니다.

훈련 횟수 및 암송 확인 체크

🎧 05-02

Coaching

5 사장님께서 오늘 오후에는 전부 결재하시도록 꼭 부탁드려요.

Can you make sure / the president signs all the documents / this afternoon?

make sure 이하에 that이 생략된 절이 오므로 the presidents 앞에서 잠깐 포즈를 주어서 읽으세요. signs(3인칭 단수 현재동사)나 documents(명사의 복수형)에 붙는 's'를 빼먹지 말고 발음해 줘야 문법적으로 맞는 문장을 말하는 것이 됩니다.

6 감사관 분들께 전적으로 협조해 주시기 바랍니다.

I'd like to ask you / to cooperate fully with our auditors.

7 시간 될 때 오늘 아침에 보내 드린 설문지 좀 작성해 주세요.

When you have time, / please fill out the survey / sent this morning.

쉼표가 있는 곳에서 끊어 읽기를 해 주세요.

8 현 프로젝트 중간 평가보고서가 언제쯤 나올까요?

When can we expect / an interim evaluation of the current project?

🎧 05-03

성공 비즈니스톡에 도전하라

해결사 문장들을 실제 비즈니스 대화에서 활용해 봅시다. 우리말 부분을 1초 내로 말할 수 있는지 확인해 보세요.

📢 Talk 1

A: 사장님께서 오늘 오후에는 전부 결재하시도록 꼭 부탁드려요.

B: I'll ask him as soon as he comes in.

A: Thanks. I'll be available if he has any questions.

B: OK, if something comes up, I'll let you know.

available 이용 가능한, 여유가 (시간이) 되는 / come up 생기다, 발생하다

📢 Talk 2

A: I heard you wanted to ask me something.

B: 현 프로젝트 중간 평가 보고서가 언제쯤 나올까요?

A: I think I can have it done by Friday.

B: I was really hoping to get it before then.

have A done A를 끝내다 / hope to+동사원형 ~하기를 기대하다

Talk 1
A: **Can you make sure the president signs all the documents this afternoon?**
B: 들어오시는 대로 말씀드릴게요.
A: 고마워요. 뭘 물어보실 걸 대비해서 대기하고 있겠습니다.
B: 네, 무슨 일 있으면, 바로 알려 드릴게요.

Talk 2
A: 뭘 물어보려고 하셨다던데요.
B: **When can we expect an interim evaluation of the current project?**
A: 금요일까지는 끝낼 수 있겠습니다.
B: 그전까지 꼭 좀 봤으면 했는데요.

46 PART 1 Daily Working

상황 06 인사이동이 생겼을 때 (축하·격려·기원·위로 등)

직장 생활에서 빠질 수 없는 것이 인사이동입니다. 승진이 된 사람도 있겠고 또 누락된 사람도 있겠고요. 그럴 때 마음을 전할 수 있는 말 한마디가 꼭 필요합니다. 인사이동이 생겼을 때 활용할 수 있는 표현으로 축하나 위로를 전해 보세요.

Biz 공감 문장을 찾아라

다음 상황 해결사 문장들 중 내가 스피킹하고 싶은 공감 문장에 체크하고, 주어진 단어를 활용해 영어로 말해 보세요.

☑ 1 매니저로 승진하신 것 축하드려요.   Congratulations on ~

■ 2 최근에 승진하셨다는 소식 듣고 참 기뻤습니다.   happy to hear

■ 3 얼마나 좋은 기회인가요!   opportunity

■ 4 진작에 하셨어야 할 승진이셨어요.   overdue

■ 5 승진하신 곳에서 행운이 가득하시길 바랍니다.   Good luck

■ 6 전근하실 때 모든 일이 순조롭게 잘 진행되시기 바랍니다.   goes well

■ 7 다음 번엔 꼭 되실 거라고 믿습니다.   get it

■ 8 결국엔 다 잘 풀릴 거예요.   work out

문장이 잘 안 만들어진다면 어떻게 말하면 되는지 지금부터 알아볼까요?

청크로 스피킹을 확장하라

문장을 영어 어순에 따라 조금씩 확장하며 말해 보세요.

1 매니저로 승진하신 것 축하드려요.

Congratulations / on your promotion to
축하드려요　　　　　　매니저로의 승진에 대해
manager!

'축하해요!'라고 할 때는 복수형 어미 -s를 붙여서 Congratulations!라고 합니다.
~에 대해 축하해요
Congratulations on
승진 promotion

2 최근에 승진하셨다는 소식 듣고 참 기뻤습니다.

I was really happy / to hear about your
정말 기뻤습니다　　　　　당신의 최근 승진에 관한 소식을 듣고서
recent promotion.

사람이나 어떤 일에 대한 소식 또는 정보를 듣는 것은 hear about 표현을 씁니다.

3 얼마나 좋은 기회인가요!

What a great opportunity / for you!
얼마나 좋은 기회인가요　　　　당신에게

감탄문인데요. What으로 시작하면 뒤에 명사를 쓰고, How로 시작하면 뒤에 형용사나 부사를 쓰지요.

4 진작에 하셨어야 할 승진이셨어요.

Your promotion / was long overdue.
당신의 승진은　　　　한참 전에 행해졌어야 했습니다

overdue는 '벌써 행해졌어야 할, 이미 늦은'의 뜻을 담고 있습니다. 강조를 위해 long을 덧붙였습니다.

5 승진하신 곳에서 행운이 가득하시길 바랍니다.

Good luck / in your new position.

행운을 빕니다　　새로운 위치에서

'승진한 곳'은 new position으로 간단히 표현할 수 있습니다.
행운을 빌어요 Good luck

6 전근하실 때 모든 일이 순조롭게 잘 진행되시기 바랍니다.

Hope all goes well / with your relocation.

모든 게 잘 돼 나가길 바랍니다　　전근과 함께

구어체로 주어 I가 생략된 문장입니다. 여기서 all은 '만사'라는 의미로 단수 취급됩니다.
순조롭게 진행되다 go well

7 다음 번엔 꼭 되실 거라고 믿습니다.

I believe / you will get it next time.

믿습니다　　다음에는 당신이 그걸 얻을 거라고

뭔가를 바라고 얻고자 했는데 그렇지 못하게 됐을 때 쓸 수 있는 위로 표현입니다.
다음 번에는 next time

8 결국엔 다 잘 풀릴 거예요.

I'm sure / everything will work out /

확신합니다　　모든 게 잘 풀릴 것을

in the end.

결국에

work out은 '일이 성공적으로 잘 마무리되다(= be successful)'는 의미입니다.
결국에는 in the end

낭독 훈련으로 문장을 체화하라

이번에는 문장을 처음부터 끝까지 죽 이어서 듣고 강세와 청크에 유의하며 따라서 말해 보세요. (천천히 5회, 빨리 5회)

Coaching

1 매니저로 승진하신 것 축하드려요.

Congratulations / on your promotion to **manager**!

Congratulations에서 복수형 어미 '-s' 발음을 빼먹지 마세요. manager는 첫 음절에 강세가 있는 것에 유의하세요.

2 최근에 승진하셨다는 소식 듣고 참 기뻤습니다.

I was really **happy** / to hear about your recent **promotion**.

hear about your는 연음되어 [히어러바우츄얼]처럼 발음됩니다. recent의 [r]도 발음에 유의하세요.

3 얼마나 좋은 기회인가요!

What a great **opportunity** / for you!

What a 부분에서 [t]는 약화되어 [r]과 비슷한 음으로 바뀌고 연음되면서 [와러]처럼 발음되지요.

4 진작에 하셨어야 할 승진이셨어요.

Your **promotion** / was **long** overdue.

🎧 06-02

Coaching

■ 5 승진하신 곳에서 행운이 가득하시길 바랍니다.

Good luck / in your new **position**.

■ 6 전근하실 때 모든 일이 순조롭게 잘 진행되시기 바랍니다.

Hope **all** goes well / with your **relocation**.

■ 7 다음 번엔 꼭 되실 거라고 믿습니다.

I **believe** / you will **get** it **next** time.

get it에서 [t]가 [r]과 비슷한 음으로 약화되어 [게릿]같이 발음됩니다. next time은 [t]가 중복되므로 하나가 탈락되어 [넥스타임]으로 발음되지요.

■ 8 결국엔 다 잘 풀릴 거예요.

I'm sure / **everything** will work out / in the end.

성공 비즈니스톡에 도전하라

해결사 문장들을 실제 비즈니스 대화에서 활용해 봅시다. 우리말 부분을 1초 내로 말할 수 있는지 확인해 보세요.

 Talk 1

A: I'm going to help open the new office in Hong Kong.

B: 얼마나 좋은 기회인가요!

A: Yeah, I'm really excited.

B: When do you leave?

be excited 흥분하다, 들뜨다 / leave 떠나다

 Talk 2

A: I've been transferred to a department that I know nothing about.

B: 결국엔 다 잘 풀릴 거예요.

A: Maybe so. But it'll be difficult for a while.

B: Just hang in there.

transfer 이동하다, 전근 보내다 / hang in there 버티다, 견뎌내다

Talk 1
A: 제가 홍콩에서 새 사무실 개소에 참여하게 돼요.
B: **What a great opportunity for you!**
A: 네, 저도 참 설레고 들뜨네요.
B: 언제 출발하세요?

Talk 2
A: 아무것도 아는 게 없는 부서로 전근을 가게 됐어요.
B: **I'm sure everything will work out in the end.**
A: 그렇겠지요. 하지만 한동안은 좀 힘들겠네요.
B: 잘 버티시고 힘내세요.

상황 07 조직 내 갈등에 유연하게 대처할 때 (유보·중립적인 표현)

집단 내에는 알력과 갈등이 있게 마련입니다. 직장도 마찬가지죠. 사내 정치란 말이 괜히 있는 게 아닐 것입니다. 그런 상황에 처했을 때 영어로는 어떻게 하면 될까요? 오늘 익히는 표현으로 갈등 상황에 유연하게 대처해 보세요.

Biz 공감 문장을 찾아라

다음 상황 해결사 문장들 중 내가 스피킹하고 싶은 공감 문장에 체크하고, 주어진 단어를 활용해 영어로 말해 보세요.

✓ 1 모두 자기 나름의 관점이 있겠지요. perspective

☐ 2 모든 사람을 다 만족시킬 수는 없는 것 같아요. please everybody

☐ 3 사람마다 생각이 다 다른 것 같습니다. ways of thinking

☐ 4 저는 관여되고 싶지가 않네요. get involved

☐ 5 그 점에 대해서 제 의견을 말씀드리기가 좀 곤란하네요. offer my opinion

☐ 6 죄송합니다. 제가 정말 실언을 했습니다. put my foot in my mouth

☐ 7 그런 말씀을 드리다니 제가 경솔했던 것 같습니다. hasty of me

☐ 8 부적절한 말씀을 드렸다면 제 영어가 부족한 탓으로 돌려주십시오. inappropriate

문장이 잘 안 만들어진다면 어떻게 말하면 되는지 지금부터 알아볼까요?

청크로 스피킹을 확장하라
문장을 영어 어순에 따라 조금씩 확장하며 말해 보세요.

1 모두 자기 나름의 관점이 있겠지요.

Everyone / has their own perspective.

모두가   각자의 관점을 가지고 있지요

'~이 있다, 없다'고 할 때 have 동사를 떠올려 보세요.
자기 나름의 관점 one's own perspective

2 모든 사람을 다 만족시킬 수는 없는 것 같아요.

You can't / please everybody, / I guess.

당신은 ~할 수 없어요   모든 사람을 만족시키는   제 생각에

'(내 생각에는) ~인 것 같다'고 할 때 I guess/think란 표현을 많이 씁니다.
만족시키다 please
모든 사람 everybody

3 사람마다 생각이 다 다른 것 같습니다.

So many people, / so many ways of thinking.

너무나 많은 사람에   너무나 많은 생각들

이런 대구(對句)적인 형태로 표현해 주면 간결하면서도 영어의 묘미가 살아납니다.
사고방식 way of thinking

4 저는 관여되고 싶지가 않네요.

I'd rather not / get involved.

~ 않는 것이 좋겠네요   관여되는

(차라리) ~ 안 하는게 좋겠다 would rather not
관여되다, 연루되다 get involved

54 PART **1** Daily Working

5 그 점에 대해서 제 의견을 말씀드리기가 좀 곤란하네요.

It's kind of difficult / to offer my opinion on
좀 어렵습니다　　　　　　　그 점에 대해 제 의견을 내놓는 것이
that.

kind of는 형용사 앞에서 '약간, 좀, 어느 정도'의 의미로 쓰입니다.
~에 대해 의견을 말하다 offer one's opinion on

6 죄송합니다. 제가 정말 실언을 했습니다.

I'm sorry. / I really put my foot in my mouth.
죄송합니다　　　　정말 실언을 해버렸습니다

실언하다 put one's foot in one's mouth

7 그런 말씀을 드리다니 제가 경솔했던 것 같습니다.

I think / it was hasty of me / to say such a
~ 같습니다　제가 경솔했습니다　　　　　그런 말을 하다니
thing.

'~ 같습니다'는 I think ~로 표현할 수 있습니다. to부정사 구문 앞에 감정을 나타내는 형용사가 오면 의미상 주어 앞에 for가 아니라 of를 써야 합니다.
성급한, 경솔한 hasty
그런 것 such a thing

8 부적절한 말씀을 드렸다면 제 영어가 부족한 탓으로 돌려주십시오.

If I said something inappropriate, /
제가 부적절한 뭔가를 말했다면
please blame it / on my poor English.
그것을 ~ 탓으로 돌려주세요　제 부족한 영어

'~을 …탓으로 돌리다'는 「blame+목적어+on+(원인)」 구문을 활용하면 됩니다.
부적절한 inappropriate

07 조직 내 갈등에 유연하게 대처할 때　55

낭독 훈련으로 문장을 체화하라

이번에는 문장을 처음부터 끝까지 죽 이어서 듣고 강세와 청크에 유의하며 따라서 말해 보세요. (천천히 5회, 빨리 5회)

1 모두 자기 나름의 관점이 있겠지요.

Everyone / has their own **perspective**.

Coaching

has의 [h]도 빨리 발음되면 약화 또는 탈락될 수 있습니다. their own이 연음되어 [데어로운]같이 발음되고요. perspective에서 가운데 [p]는 경음화되어 [펄스뻬티브]처럼 발음됩니다.

2 모든 사람을 다 만족시킬 수는 없는 것 같아요.

You **can't** / please **everybody**, / I **guess**.

3 사람마다 생각이 다 다른 것 같습니다.

So **many** people, / so **many** ways of **thinking**.

4 저는 관여되고 싶지가 않네요.

I'd **rather not** / get **involved**.

축약된 I'd rather 발음에 유의하세요. get involved는 연음되어 [게린발브드]처럼 발음됩니다. 이때 involved의 과거분사형 어미 -ed의 발음을 빼먹지 않도록 합니다.

🎧 07-02

Coaching

5 그 점에 대해서 제 의견을 말씀드리기가 좀 곤란하네요.

It's kind of **difficult** / to offer my **opinion** on **that**.

6 죄송합니다. 제가 정말 실언을 했습니다.

I'm **sorry**. I really put my **foot** in my **mouth**.

put과 foot이 근접해 있어 발음이 꼬이기 쉬우니 주의해서 연습해 보세요. mouth에서 -th[θ]도 우리말 음가에는 없는 것이라 신경 써서 발음해야겠죠.

7 그런 말씀을 드리다니 제가 경솔했던 것 같습니다.

I think / it was **hasty** of me / to **say** such a thing.

8 부적절한 말씀을 드렸다면 제 영어가 부족한 탓으로 돌려주십시오.

If I said something **inappropriate**, / please **blame** it / on my poor **English**.

something의 -th[θ] 발음에 유의하고요, inappropriate 단어의 강세에도 주의하세요. blame it on 부분은 연음되어 [블레이미론]같이 발음됩니다.

07 조직 내 갈등에 유연하게 대처할 때 **57**

07-03

성공 비즈니스톡에 도전하라

해결사 문장들을 실제 비즈니스 대화에서 활용해 봅시다. 우리말 부분을 1초 내로 말할 수 있는지 확인해 보세요.

📢 Talk 1

A: Did you hear the latest rumor about the big fight between Charlie in accounting and Mr. Park in sales?

B: 저는 관여되고 싶지가 않네요.

A: But this time the situation was really interesting.

B: I don't think it's our place to talk about it.

latest 최신의, 최근의 / rumor 소문 / accounting 회계(업무) / sales 영업(업무) / place 장소, 위치

📢 Talk 2

A: Don't you think Mr. Jang needs to contribute more to our team effort?

B: 그 점에 대해서 제 의견을 말씀드리기가 좀 곤란하네요.

A: Come on. He doesn't work nearly as hard as the rest of us.

B: Everyone does what they can, I guess.

contribute 공헌하다 / effort 노력 / work hard 열심히 일하다 / the rest 나머지

Talk 1
A: 회계 담당 찰리하고 영업부 미스터 박이 대판 싸웠다는 최근 소문 들었어요?
B: **I'd rather not get involved.**
A: 그렇지만 이번엔 상황이 정말 흥미롭던데요.
B: 저희가 그런 얘기를 거론할 만한 위치가 아닌 것 같습니다.

Talk 2
A: 미스터 장이 팀워크에 좀 더 기여할 필요가 있다고 생각하지 않으세요?
B: **It's kind of difficult to offer my opinion on that.**
A: 보세요. 미스터 장이 나머지 팀원들만큼 열심히 일을 거의 안 한다고요.
B: 사람마다 자기가 할 수 있는 걸 하는 거겠죠.

상황 08
방문객이나 바이어가 내방했을 때 (소개·응대)

요즘은 국제화 시대라 언제라도 외국인 방문객이나 바이어가 회사로 내방할 수 있습니다. 오늘 배우는 표현으로 혼자서라도 영어로 간단한 소개와 응대를 해낼 수 있게 연습해 봅시다.

Biz 공감 문장을 찾아라

다음 상황 해결사 문장들 중 내가 스피킹하고 싶은 공감 문장에 체크하고, 주어진 단어를 활용해 영어로 말해 보세요.

☑ 1 저희 사무실에 오신 걸 환영합니다.   Welcome

☐ 2 만나 뵙게 되어 정말 반갑습니다.   a real pleasure

☐ 3 호칭을 어떻게 불러드리면 좋을까요?   address

☐ 4 제가 성함을 제대로 말하고 있는지요?   pronouncing your name

☐ 5 뭐 마실 것 좀 드릴까요?   anything to drink

☐ 6 함께 일하게 돼서 기쁩니다.   work with

☐ 7 저희도 상호 호혜적인 결과를 고대하고 있습니다.   mutually beneficial outcome

☐ 8 이 일이 저희 양측 모두에게 큰 기회라고 생각합니다.   a great opportunity

문장이 잘 안 만들어진다면 어떻게 말하면 되는지 지금부터 알아볼까요?

청크로 스피킹을 확장하라

문장을 영어 어순에 따라 조금씩 확장하며 말해 보세요.

1 저희 사무실에 오신 걸 환영합니다.

Welcome / to our office.

환영합니다   저희 사무실에 오신 것을

간단히 Welcome!이라고 해도 되고요, 뒤에 전치사 to를 써서 어디에 오신 것을 환영한다고 장소를 밝힐 수도 있습니다.

2 만나 뵙게 되어 정말 반갑습니다.

It's a real pleasure / to meet you.

정말 기쁨입니다   당신을 만나는 것이

환영하는 인사말 뒤에 바로 붙여서 말할 수 있는 가장 일반적인 표현입니다.

3 호칭을 어떻게 불러드리면 좋을까요?

How should I / address you?

어떻게 해야 할까요   당신을 호칭하는

우리 문화에서는 이름 뒤에 직함을 붙여 상대방을 호칭하는 것이 일반적입니다. 하지만 외국인 입장에서는 그쪽 나름의 문화가 있으므로 그걸 존중해 주면서 어떻게 호칭을 해 주는 것이 좋을지 처음 만났을 때 물어봐 주는 센스가 필요합니다.

4 제가 성함을 제대로 말하고 있는지요?

Am I pronouncing your name / correctly?

제가 당신 이름을 발음하고 있나요   정확하게

외국인 이름 중에는 발음하기 어려운 경우가 아주 많습니다. 그럴 때는 이 표현을 활용해 이름을 계속 잘못 발음하는 실수가 없도록 합시다.

🎧 08-01

5 뭐 마실 것 좀 드릴까요?

Would you like / anything to drink?

~을 원하시는지요　　뭔가 마실 것을

'~해 드릴까요?'는 「Would you like ~?」 구문을 많이 활용합니다. 구체적으로 coffee나 tea를 목적어로 쓰기도 하고 여기처럼 anything to drink(뭐 좀 마실 것)라고 표현하기도 합니다.

6 함께 일하게 돼서 기쁩니다.

We're happy / to work with you.

우리는 기쁩니다　　당신과 함께 일하게 돼서

처음 만났을 때 어색한 분위기를 부드럽게 해줄 만한 인사말 멘트 몇 개를 외워 두면 좋습니다. 그런 멘트 중 하나가 바로 이 문장이죠.

7 저희도 상호 호혜적인 결과를 고대하고 있습니다.

We're looking forward to / a mutually beneficial outcome.

우리는 고대하고 있습니다　　상호 호혜적인 결과를

~를 고대하다 look forward to+(동)명사
상호 호혜적인 mutually beneficial

8 이 일이 저희 양측 모두에게 큰 기회라고 생각합니다.

I think / this is a great opportunity / for both of us.

생각합니다　이 일이 큰 기회라고　저희 양측 모두에게

이 문장 역시 처음 만나서 분위기를 띄우기 위해 활용할 수 있는 표현입니다.
양측 모두에게 for both of us

낭독 훈련으로 문장을 체화하라

이번에는 문장을 처음부터 끝까지 죽 이어서 듣고 강세와 청크에 유의하며 따라서 말해 보세요. (천천히 5회, 빨리 5회)

Coaching

1 저희 사무실에 오신 걸 환영합니다.

Welcome / to our **office**.

2 만나 뵙게 되어 정말 반갑습니다.

It's a real **pleasure** / to **meet** you.

real의 [r] 발음에 유의하세요. pleasure의 [ʒ]는 입을 크게 벌려 말해야 제대로 된 발음이 나올 수 있습니다.

3 호칭을 어떻게 불러드리면 좋을까요?

How should I / **address** you?

should I 부분이 연음되면서 [d]가 [r]처럼 변화되어 [슈라이]같이 발음됩니다.

4 제가 성함을 제대로 말하고 있는지요?

Am I **pronouncing** your **name** / **correctly**?

5 뭐 마실 것 좀 드릴까요?

Would you like / anything to drink?

Coaching
Would you에서 [d]와 you의 [j]가 만나 [쥬]처럼 되고요, drink에서 [d]는 뒤의 [r]과 만나 [즈]에 가까운 발음이 나게 됩니다. anything의 [θ]도 발음에 유의하세요.

6 함께 일하게 돼서 기쁩니다.

We're happy / to work with you.

7 저희도 상호 호혜적인 결과를 고대하고 있습니다.

We're looking forward to / a mutually beneficial outcome.

8 이 일이 저희 양측 모두에게 큰 기회라고 생각합니다.

I think / this is a great opportunity / for both of us.

this is a 부분이 연음되어 [디씨 저]같이 발음되고, both of us도 [보써버스]처럼 소리나게 됩니다. 또 think의 [θ] 발음에 주의해서 연습해 보세요.

 　　　　　　　　　　　　　　　 08-03

해결사 문장들을 실제 비즈니스 대화에서 활용해 봅시다. 우리말 부분을 1초 내로 말할 수 있는지 확인해 보세요.

Talk 1

A: Hello, Mr. Park. Thank you for inviting us today.

B: 저희 사무실에 오신 걸 환영합니다.

A: We're really excited to be here.

B: Please come in and make yourself comfortable.

invite 초대하다 / make oneself comfortable 편안하게 있다

Talk 2

A: We're really excited about the prospect of doing business with you.

B: 저희도 상호 호혜적인 결과를 고대하고 있습니다.

A: I'm sure we can come to an agreement that we'll both be happy with.

B: Sounds like we're off to a good start already.

prospect 가능성, 예상, 전망 / agreement 합의, 의견 일치 / be off to a start 출발을 하다

Talk 1
A: 안녕하세요. 미스터 박. 오늘 이렇게 저희를 초대해 주셔서 감사합니다.
B: **Welcome to our office.**
A: 여기 오게 되어서 정말 기쁘네요.
B: 들어오셔서 편안히 계세요.

Talk 2
A: 귀사와의 거래 가능성에 대해 저희는 매우 설렙니다.
B: **We're looking forward to a mutually beneficial outcome.**
A 우리 모두 만족할 만한 합의에 도달할 수 있으리라 믿습니다.
B: 이미 저희가 출발을 잘하고 있는 것 같네요.

64 PART 1 Daily Working

상황 09 회사 상황을 짧게 설명할 때 (역사·규모·실적·전망 등)

회사를 내방한 외국인 손님이나 외부인에게 영어로 짧게 회사 상황을 설명할 때가 있습니다. 회사나 조직의 간략한 소개부터 현재 상황이나 전망을 설명하는 필수 문장 몇 개만 익혀 놓으면 좋은 첫인상을 줄 수 있을 겁니다.

Biz 공감 문장을 찾아라

다음 상황 해결사 문장들 중 내가 스피킹하고 싶은 공감 문장에 체크하고, 주어진 단어를 활용해 영어로 말해 보세요.

☑ 1 저희 회사는 설립된 지 수년이 넘었습니다.   has been around

☐ 2 저희는 수백 명의 직원을 고용하고 있는 꽤 큰 규모의 회사지요.   a fairly large company

☐ 3 매출은 해마다 증가하고 있습니다.   a sales increase

☐ 4 저희 제품을 남아메리카 국가에 막 수출하기 시작했습니다.   exporting our products

☐ 5 저희 제품 다수가 점점 인기를 얻고 있어요.   more popular

☐ 6 올해 말까지 아시아에 사무실 세 개를 더 오픈할 예정이에요.   opening three new offices

☐ 7 작년에는 수익이 내려갔지만 향후엔 더 좋아지리라 믿습니다.   revenue, do better

☐ 8 저희는 이 분야에서 선두 주자가 되기 위해 최선을 다하고 있습니다.   one of the major players

문장이 잘 안 만들어진다면 어떻게 말하면 되는지 지금부터 알아볼까요?

청크로 스피킹을 확장하라

문장을 영어 어순에 따라 조금씩 확장하며 말해 보세요.

1 저희 회사는 설립된 지 수년이 넘었습니다.

Our company has been around /
우리 회사는 있어 왔어요

for many years.
수년 동안

「have+p.p.」의 현재완료 시제를 쓰면 과거부터 지금까지 지속되어 왔다는 의미를 표현할 수 있지요. 계속해서 존재해 오고 있다 have been around

2 저희는 수백 명의 직원을 고용하고 있는 꽤 큰 규모의 회사지요.

We're a fairly large company / that employs
우리는 상당한 규모의 회사지요   수백 명을 고용하고 있는

hundreds of people.

대기업은 아니지만 규모가 그래도 꽤 있다는 의미로 fairly large를 활용할 수 있습니다. that절 이하는 관계대명사절로 company를 수식해 주고 있습니다.

3 매출은 해마다 증가하고 있습니다.

We have shown a sales increase / every year.
우리는 매출 증가를 보여주고 있어요   매년

매출을 주어로 해서 표현할 수도 있지만 We를 주어로 삼아 능동 형태로 표현하고 「have + p.p.」를 쓰면 '지금까지 매년 계속 ~해오고 있다'는 느낌을 줄 수 있습니다.

4 저희 제품을 남아메리카 국가에 막 수출하기 시작했습니다.

We just started / exporting our products /
우리는 막 시작했어요   우리 제품을 수출하는 것을

to South American countries.
남아메리카 국가들에게

~하기 시작하다 start -ing
우리 제품을 수출하다 export our products

66 PART **1** Daily Working

■ 5 저희 제품 다수가 점점 인기를 얻고 있어요.

Many of our products / are becoming more
우리 제품 다수가   점점 인기를 얻고 있어요
popular.

'인기 있는'은 popular, '점점 인기를 얻고 있다. 인기가 높아져 가다'는 become more popular로 표현합니다.

■ 6 올해 말까지 아시아에 사무실 세 개를 더 오픈할 예정이에요.

We'll be opening three new offices /
우리는 세 개의 새 사무실을 오픈할 예정입니다
in Asia / by the end of this year.
아시아에   올해 말까지

언제까지라고 기한을 말할 때는 전치사 by를 쓰면 됩니다. 변동이 거의 없이 이미 계획된 미래는 미래진행형 시제(will be -ing)를 써서 표현할 수 있습니다.

■ 7 작년에는 수익이 내려갔지만 향후엔 더 좋아지리라 믿습니다.

Last year revenue was down, / but we're sure
작년에는 수익이 내려갔어요   하지만 우리는 확신합니다
/ to do better in the coming year.
        향후에 더 잘하리라는 것을

실적이나 수치 등이 내려간 상태는 be down으로 표현하면 됩니다.
믿다, 확신하다 be sure
더 잘하다 do better
향후에 in the coming year

■ 8 저희는 이 분야에서 선두 주자가 되기 위해 최선을 다하고 있습니다.

We're doing our best / to become one of the
우리는 최선을 다하고 있어요   선두 주자 중 하나가 되기 위해
major players / in our field.
              우리 분야에서

최선을 다하다 do one's best
우리 업계에서 in our field

낭독 훈련으로 문장을 체화하라

이번에는 문장을 처음부터 끝까지 죽 이어서 듣고 강세와 청크에 유의하며 따라서 말해 보세요. (천천히 5회, 빨리 5회)

Coaching

1 저희 회사는 설립된 지 수년이 넘었습니다.

Our **company** has been **around** / for **many years**.

2 저희는 수백 명의 직원을 고용하고 있는 꽤 큰 규모의 회사지요.

We're a **fairly** large company / that **employs hundreds** of people.

We're는 빠르게 읽으면 [어]가 탈락되어 [위]처럼 발음됩니다. fairly와 large의 단어 발음에도 주의하세요.

3 매출은 해마다 증가하고 있습니다.

We have **shown** a sales **increase** / every **year**.

4 저희 제품을 남아메리카 국가에 막 수출하기 시작했습니다.

We just **started** / **exporting** our products / to **South** American **countries**.

just에서 [t]는 거의 사라지고요, started는 첫 번째 [t]가 경음화되고, 뒤의 [t]는 [r] 비슷한 음으로 약화되어 [스따리드]처럼 발음됩니다. products의 명사 복수형 어미 '-s' 발음도 빼먹지 마세요.

훈련 횟수 및 암송 확인 체크

Coaching

5 저희 제품 다수가 점점 인기를 얻고 있어요.

Many of our **products** / are becoming more **popular**.

6 올해 말까지 아시아에 사무실 세 개를 더 오픈할 예정이에요.

We'll be **opening** three new **offices** / in **Asia** / by the **end** of this **year**.

three의 [θ]와 Asia의 발음에 주의하세요. [아시아]가 아닙니다. the end of this year는 연음되어 [디 엔도브디씨어]같이 발음되지요.

7 작년에는 수익이 내려갔지만 향후엔 더 좋아지리라 믿습니다.

Last year revenue was **down**, / but we're sure / to do **better** in the **coming** year.

Last year 부분에서 [t]가 거의 탈락합니다. 쉼표 사이에서는 잠시 포즈를 주면서 끊어 읽기를 합니다.

8 저희는 이 분야에서 선두 주자가 되기 위해 최선을 다하고 있습니다.

We're doing our **best** / to **become** one of the major **players** / in our **field**.

09 회사 상황을 짧게 설명할 때

성공 비즈니스톡에 도전하라

해결사 문장들을 실제 비즈니스 대화에서 활용해 봅시다. 우리말 부분을 1초 내로 말할 수 있는지 확인해 보세요.

📢 Talk 1

A: I heard your company is doing well.

B: Yes. 저희 제품 다수가 점점 인기를 얻고 있어요.

You can easily find them in stores these days.

A: Yes, I've seen some of your products myself.

do well 잘하고 있다 / easily 쉽게

📢 Talk 2

A: Do you have any plans to expand?

B: 올해 말까지 아시아에 사무실 세 개를 더 오픈할 예정이에요.

A: Oh, what countries exactly?

B: One in Shanghai, one in Manilla, and one in Tokyo.

expand 확장하다 / exactly 정확하게

Talk 1

A: 회사 실적이 괜찮다고 들었습니다.

B: 네, **Many of our products are becoming more popular.**
요즘엔 상점에서도 쉽게 찾을 수 있지요.

A: 네, 저도 귀사 제품들을 직접 봤습니다.

Talk 2

A: 확장 계획은 있으신지요?

B: **We'll be opening three new offices in Asia by the end of this year.**

A: 그렇군요. 정확히 어느 나라들인데요?

B: 하나는 상하이, 하나는 마닐라, 그리고 하나는 도쿄입니다.

상황 10 바이어를 대접할 때 (권유·배웅)

외국인 바이어에게 식사나 술자리 권유를 할 때, 혹은 업무를 마친 후 배웅을 할 때 필요한 표현들을 알아보겠습니다. 끝이 좋아야 다 좋은 거죠? 바이어와의 업무 마무리에 오늘 익히는 표현을 잘 활용해 보세요.

Biz 공감 문장을 찾아라

다음 상황 해결사 문장들 중 내가 스피킹하고 싶은 공감 문장에 체크하고, 주어진 단어를 활용해 영어로 말해 보세요.

☑ 1 점심 드시러 나가실까요, 아니면 뭘 좀 배달시킬까요?   order in

☐ 2 잠깐 바람 좀 쐬시겠어요?   go out

☐ 3 일 끝난 후 한 잔 하러 가는 건 어떠세요?   How about

☐ 4 전에 한국 음식 드셔 보신 적 있으세요?   tried

☐ 5 오늘은 저희 손님이시니까 계산은 저희가 하겠습니다.   take care of the bill

☐ 6 저희와 거래해 주셔서 감사드립니다.   doing business

☐ 7 이번 파트너십에 대해 기쁘게 생각합니다.   excited

☐ 8 귀국길이 즐거우시길 바랍니다.   a pleasant trip

문장이 잘 안 만들어진다면 어떻게 말하면 되는지 지금부터 알아볼까요?

청크로 스피킹을 확장하라

문장을 영어 어순에 따라 조금씩 확장하며 말해 보세요.

1 점심 드시러 나가실까요, 아니면 뭘 좀 배달시킬까요?

Shall we go out for lunch / or order in?

점심 먹으러 나갈까요　　　　　　　아니면 배달을 시킬까요

'~하실까요?'라고 제안할 때 「Shall we ~?」 구문을 활용해 보세요.
점심 먹으러 나가다 go out for lunch
배달시키다 order in

2 잠깐 바람 좀 쐬시겠어요?

Do you want to go out / for some fresh air?

밖으로 나가고 싶으세요　　　　　신선한 공기를 위해

'~하시겠어요?'라고 할 때 외국인들은 「Do you want to+동사원형?」 구문을 많이 활용합니다.
밖에 나가 바람을 쐬다 go out for some fresh air

3 일 끝난 후 한 잔 하러 가는 건 어떠세요?

How about / going out for a drink / after work?

~는 어떠세요　　　한 잔 하러 가는 것　　　　　일 끝난 후

'~는 어떠세요?'는 「How about + 명사/동명사 ~?」 구문을 활용하면 됩니다.
한 잔 하러 가다 go out for a drink

4 전에 한국 음식 드셔 보신 적 있으세요?

Have you tried / Korean food / before?

~을 시도해 봤는지요　　한국 음식을　　　　전에

식사를 같이 할 때 외국인 내방객에게 건넬 수 있는 표현이지요. '~해 본 적이 있다'는 현재완료 시제 「have + p.p.」를 쓰면 됩니다.
한국 음식을 먹어 보다 try Korean food

5 오늘은 저희 손님이시니까 계산은 저희가 하겠습니다.

You're our guest / – let us take care of the bill.

당신은 우리의 손님입니다 　 계산서는 우리가 처리할게요

이 상황에서 '~하겠다'는 we will ~ 보다 let us ~ 구문을 쓰는 것이 적절합니다.
계산하다 take care of the bill

6 저희와 거래해 주셔서 감사드립니다.

Thank you / for doing business with us.

감사드립니다 　 우리와 거래를 하는 것에 대해

일을 마무리하면서 하는 의례적인 인사말로 이 표현이 많이 쓰입니다.
사업하다, ~와 거래하다 do business with
~에 대해 감사합니다 Thank you for+(동)명사

7 이번 파트너십에 대해 기쁘게 생각합니다.

We're excited / about this partnership.

우리는 기쁘게 생각합니다 　 이 파트너십에 대해

업무 진행 도중이나 마무리를 하면서 활용할 수 있는 표현인데요. happy보다 excited를 쓰면 아주 기쁘다는 걸 강조할 수 있어요.

8 귀국길이 즐거우시길 바랍니다.

I hope / you have a pleasant trip back.

전 바랍니다 　 당신이 즐거운 귀국길을 가지기를

'귀국길'은 간단히 trip back이라고 하면 됩니다. 동사 have를 쓴 점을 주의해서 살펴보세요.

낭독 훈련으로 문장을 체화하라

이번에는 문장을 처음부터 끝까지 죽 이어서 듣고 강세와 청크에 유의하며 따라서 말해 보세요. (천천히 5회, 빨리 5회)

Coaching

1 점심 드시러 나가실까요, 아니면 뭘 좀 배달시킬까요?

Shall we go out for **lunch** / or **order** in?

선택의문문으로 or 앞에서 억양이 올라갔다가 문장 끝에서 내려오게 되지요. shall의 [ʃ]나 lunch의 [tʃ]는 입을 크게 벌려야 정확하게 발음할 수 있습니다. order in 부분은 연음되어 [오더린]처럼 발음됩니다.

2 잠깐 바람 좀 쐬시겠어요?

Do you want to **go** out / for some **fresh** air?

3 일 끝난 후 한 잔 하러 가는 건 어떠세요?

How about / going out for a **drink** / after **work**?

4 전에 한국 음식 드셔 보신 적 있으세요?

Have you tried / **Korean** food / **before**?

일반의문문으로 문장 끝이 올라가게 됩니다. Have you 부분은 연음되어 [해뷰]같이 발음됩니다. tried에서 어미 '-ed' 발음을 빼먹지 않도록 합니다. food와 before의 [f] 발음도 주의하세요.

훈련 횟수 및 암송 확인 체크

🎧 10-02

■ 5 오늘은 저희 손님이시니까 계산은 저희가 하겠습니다

You're our **guest** / — let us **take** care of the **bill**.

Coaching

take care에서는 [k]가 겹치므로 하나가 탈락합니다. let us에서 [t]는 [r]과 비슷한 발음으로 되어 [레러스]처럼 발음됩니다.

■ 6 저희와 거래해 주셔서 감사드립니다.

Thank you / for doing **business** with us.

■ 7 이번 파트너십에 대해 기쁘게 생각합니다.

We're **excited** / about this **partnership**.

excited는 [t]가 [r]로 약화되고 과거형 어미 '-d' 발음이 겹쳐서 [익싸이리드]처럼 발음됩니다. about의 [t]와 this의 [ð]가 겹쳐 오면 [t]를 탈락시켜 [어비우디스]처럼 발음하기도 합니다.

■ 8 귀국길이 즐거우시길 바랍니다.

I **hope** / you have a **pleasant** trip **back**.

성공 비즈니스톡에 도전하라

해결사 문장들을 실제 비즈니스 대화에서 활용해 봅시다. 우리말 부분을 1초 내로 말할 수 있는지 확인해 보세요.

📢 Talk 1

A: I didn't expect our meeting to last this long.

B: 잠깐 바람 좀 쐬시겠어요?

A: Sure. I think that's just what I need.

B: OK, there's a coffee shop downstairs with outdoor seating.

expect 예상하다 / last 지속하다, 오래 가다 / outdoor seating 야외 좌석

📢 Talk 2

A: Thank you for your hospitality over the past few days.

B: You're welcome. 귀국길이 즐거우시길 바랍니다.

A: Thank you. We'll be in touch again soon.

B: We look forward to hearing from you.

hospitality 환대, 접대 / be in touch 연락하다 / look forward to -ing ~을 고대하다

Talk 1
A: 회의가 이렇게 길어질 줄 몰랐네요.
B: **Do you want to go out for some fresh air?**
A: 그러죠. 그게 좀 필요한 것 같습니다.
B: 네, 야외 좌석이 있는 커피숍이 아래층에 하나 있어요.

Talk 2
A: 지난 며칠 동안 환대에 감사드립니다.
B: 천만에요. **I hope you have a pleasant trip back.**
A: 감사합니다. 곧 다시 연락드리겠습니다.
B: 저희도 소식 기다리고 있겠습니다.

이 문장만은 반드시!

1. 그럼 수고하세요.
Don't work too hard.

2. 내일 저녁에 회식 있는 것 다시 알려 드려요.
Just a reminder that we have a company dinner tomorrow evening.

3. 부사장님과의 미팅이 다음 주로 미뤄졌어요.
Our meeting with the vice president has been moved to next week.

4. 양면 복사를 어떻게 하는지 말해 주실래요?
Can you tell me how to make two-sided copies?

5. 종이 앞면을 아래로 해서 넣고, 팩스 번호 입력 후 '전송' 버튼을 누르세요.
Insert the paper face down, dial the number and then hit 'send'.

6. 주말까지 하루 남았네요.
One more day until the weekend.

7. 언제 점심이나 같이 하시지요.
Let's do lunch sometime.

8. 진작에 하셨어야 할 승진이셨어요.
Your promotion was long overdue.

9. 결국엔 다 잘 풀릴 거예요.
I'm sure everything will work out in the end.

10. 사람마다 생각이 다 다른 것 같습니다.
So many people, so many ways of thinking.

11. 죄송합니다. 제가 정말 실언을 했습니다.
I'm sorry. I really put my foot in my mouth.

12. 호칭을 어떻게 불러드리면 좋을까요?
How should I address you?

13. 저희도 상호 호혜적인 결과를 고대하고 있습니다.
We're looking forward to a mutually beneficial outcome.

14. 저희 회사는 설립된 지 수년이 넘었습니다.
Our company has been around for many years.

15. 오늘은 저희 손님이시니까 계산은 저희가 하겠습니다.
You're our guest – let us take care of the bill.

스몰 토킹(Small Talking) 팁

영어권 문화에서 스몰 토킹은 업무나 관계 형성에 굉장히 중요한 역할을 합니다. 반면, 우리는 침묵이 어색해도 좀처럼 말문을 열지 않는 것에 익숙합니다. 게다가 영어로 말할 때 혹시나 틀리지 않을까 싶어 입을 더욱 굳게 닫고 말죠. 이런 이유로 우리가 영어 스피킹에서 부담스러워하는 것 중 하나가 바로 스몰 토킹(small talking)입니다. 하지만 더 이상 부담 갖지 마세요. 여기 팁들을 잘 익혀 놓으면 그런 부담스러운 스몰 토킹의 실마리를 풀 수 있을 것입니다.

스몰 토킹도 단계가 있는데 대체로 다음의 순서로 진행됩니다.

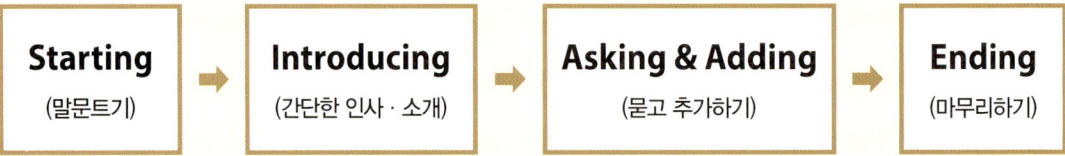

① **Starting (= ice-breaking) 말문 트기**

꾹 닫고 있던 입을 떼는 것으로 주위 상황, 주변 환경에 대해 간단히 한마디 하는 것이면 충분합니다. 보통 그것이 스몰 토킹을 시작하는 신호(signal)가 됩니다.

- These meetings never start on time. (이런 미팅은 정시에 시작하는 법이 없어요.)

- This is a better room than we had last time. (이 방은 지난번보다 더 낫네요.)

- Weren't you at the company picnic last month? (지난달 회사 야유회에 계시지 않았어요?)

② **Introducing 간단한 인사 · 소개**

처음 만났거나 정식으로 통성명을 하지 않은 경우라면 자연스럽게 이름을 교환합니다. 혹시 아는 사람인데 이름을 잊었더라도 다음 예처럼 말하면 전혀 부담 없을 거예요.

- I've seen you around. ((정식으로 인사는 못 드렸지만) 얼굴은 많이 뵈었죠.)

- We've passed each other in the hallway many times. (복도 지나다니면서 여러 번 뵈었죠.)

- I seem to have forgotten your name. Could you tell me again?
  And, just in case you have forgotten mine, I am Kimberley Simpson.
  (제가 성함을 잊어버린 것 같은데요, 성함 한 번 더 말씀해 주실래요? 혹시 제 이름 기억이 안 나시면, 저는 킴벌리 심슨입니다.)

PART 1 쉬어가기

③ **Asking & Adding** 묻고 추가하기

위의 과정을 거쳤는데도 상대방이 침묵한다고요? 그렇다고 대화를 거부하는 거라고 생각하지 마세요. 대화를 이끌어낼 수 있게 다음과 같이 열린 질문(Open Questions)을 해보세요. 영어가 좀 짧아도 질문만 잘하면 흥미로운 스몰 토킹이 될 수 있습니다.

Open Questions	Closed Questions
보다 폭넓은 얘기를 유도하는 질문	Yes/No로 끝날 수 있는 질문
How're you finding your work? (일자리를 어떻게 찾고 계세요?) What do you enjoy most about your work? (일에서 어떤 게 제일 재미있으세요?) What's it like working in marketing? (마케팅부에서 일하는 건 어때요?)	Are you in marketing? (마케팅부에 계세요?) Have you been here long? (여기 오래 다니셨어요?) Do you like it here? (여기 마음에 드세요?) Do you enjoy your work? (일은 재미있어요?) Do you golf? (골프 치세요?)

④ **Ending** 마무리하기

언제까지 스몰 토킹만 할 수는 없죠. 부드러운 마무리를 위한 활용 만점 멘트들입니다.

Ending Signals	Ending Remarks
I must be going in a few minutes, but I want to hear the rest of what you have to say before I go. (몇 분 있으면 가야 하는데요, 가기 전에 말씀하셔야 하는 것 듣고 싶네요.) I enjoyed talking to you, but I see someone over there that I must speak to when you're done. (얘기 잘 나눴습니다. 그런데 그쪽 얘기 끝나면 제가 말해야 할 사람이 저기 보이네요.)	I really enjoyed our conversation. (얘기 정말 재미있었어요.) I hope to talk with you again later. (나중에 다시 얘기 나누길 바랍니다.) See you around. (또 봐요.)

※ Sample Conversation

스몰 토킹의 나쁜 예

Jun: Is it hot in here?
Lisa: I guess so.
Jun: Where's everybody, I wonder.
Lisa: They're usually late.

Jun: 여기 덥죠?
Lisa: 그러네요.
Jun: 다들 어디 있나요? 궁금하네요.
Lisa: 늘상 늦어요.

스몰 토킹의 좋은 예

Jun: These meetings never start on time.
Lisa: You can say that again.
Jun: I've seen you around, but I don't think we've ever been formally introduced. I'm Jun from research.
Lisa: I'm Lisa.
Jun: Lisa, aren't you in marketing?
Lisa: That's right.
Jun: I heard your department's going to hire two new people. Is that right?
Lisa: Yes, as you may know, we have new products hitting the market this fall, and we're understaffed for the promotions.

Jun: 이런 미팅은 절대 제시간에 시작을 안 하죠.
Lisa: 그러게 말이요.
Jun: 얼굴은 뵌 것 같은데 정식으로 소개는 안 받은 것 같아요. 전 연구팀의 준입니다.
Lisa: 전 리사예요.
Jun: 리사, 마케팅부에 있지 않아요?
Lisa: 맞아요.
Jun: 거기 마케팅에서 두 명을 새로 뽑을 거라고 들었는데, 맞아요?
Lisa: 네, 아시다시피 이번 가을에 시장에 출시되는 신제품들이 있거든요. 홍보하는데 인원은 부족하고요.

PART 2
Reporting & Supervising
업무 보고 · 관리하기

회사는 보고 체계와 업무 전달이 확실해야 하는 곳입니다. 그렇게 중요한 업무 보고와 전달이, 다름아닌 영어로 행해져야 하는 거라면 표현 하나 하나에 신경을 쓸 수밖에 없습니다. 업무 보고와 업무 전달과 관련해 반드시 입에 익혀 두어야 할 영어 표현들을 모았습니다. 정확하고 빠른 일 처리를 위해 꼭 알아야 할 영어 표현으로 무엇이 있는지 살펴볼까요?

상황 11. 보고 사항의 개요를 말할 때 (서두)
상황 12. 진행 중인 상황을 보고할 때 (본론)
상황 13. 필요한 액션을 설명할 때 (결론)
상황 14. 사안에 대한 의견·견해 등을 제시할 때
상황 15. 업무 진행의 어려움을 어필할 때
상황 16. 업무 지시를 내릴 때
상황 17. 업무 진행 상황을 확인·점검할 때
상황 18. 업무 관련 의문 사항을 질문할 때
상황 19. 문제 또는 불만 사항을 처리할 때
상황 20. 실적·성과·급여·복리후생 등을 상의할 때

If we were motivated by money, we would have sold the company a long time ago and ended up on a beach.

– Larry Page (래리 페이지–구글 창업자)

우리가 돈 때문에 일했다면 오래 전에 회사를 팔아 치우고 해변에 누워 지내고 있었을 것이다.

상황 11 보고 사항의 개요를 말할 때 (서두)

업무 관련 보고를 할 때는 결론부터 말하라고 하죠. 이것은 서두에 보고의 핵심이 뭔지 먼저 언급하라는 이야기입니다. 이렇게 업무 보고를 시작하면서 활용할 수 있는 표현들을 연습해 보세요.

Biz 공감 문장을 찾아라

다음 상황 해결사 문장들 중 내가 스피킹하고 싶은 공감 문장에 체크하고, 주어진 단어를 활용해 영어로 말해 보세요.

✓ 1 주요 포인트에 대해 먼저 말씀드리겠습니다.   touch on

2 최근의 전개 상황에 대해 간략히 보고 드리겠습니다.   brief you on

3 자세한 말씀드리기 전에 개요부터 설명을 드리겠습니다   an overview

4 큰 그림을 먼저 그려 드리는 게 나을 것 같네요.   the big picture

5 보고서 요약부터 말씀드리며 시작하겠습니다.   summary

6 우선 먼저, 이것이 저희 계획의 핵심입니다.   the bottom line

7 새 전략의 핵심 포인트를 말씀드리면서 시작해 보겠습니다.   key points

8 이번 캠페인의 주제는 저희의 대외 이미지를 제고하는 것입니다.   to boost our public image

문장이 잘 안 만들어진다면 어떻게 말하면 되는지 지금부터 알아볼까요?

청크로 스피킹을 확장하라

문장을 영어 어순에 따라 조금씩 확장하며 말해 보세요.

1 주요 포인트에 대해 먼저 말씀드리겠습니다.

Let me just / touch on the main points / first.

~하겠습니다　　주요 포인트를 언급하는　　　　　　　　먼저

> 본론에 들어가기 전에 가볍게 큰 그림을 먼저 터치해 주는 상황에서 활용할 수 있는 표현이 touch on입니다. Let me ~는 '제가 ~하겠습니다'의 뜻으로 정중하면서 공손한 느낌을 줍니다.

2 최근의 전개 상황에 대해 간략히 보고 드리겠습니다.

I'd like / to brief you on the latest developments.

~하고 싶습니다　최근의 전개 상황에 대해 간략히 보고 드리는

> 간략히 보고하다 brief
> 최근의 전개 상황 the latest developments

3 자세한 말씀드리기 전에 개요부터 설명을 드리겠습니다.

Before going into the details, / I'm going to give you an overview.

자세한 설명에 들어가기 전에　　　　　　개요를 설명하겠습니다

> 자세한 얘기를 한다는 건 세부사항에 들어가는 것이므로 go into the details로 표현합니다.
> 개요 overview
> ~에게 개요를 설명하다 give ~ an overview

4 큰 그림을 먼저 그려 드리는 게 나을 것 같네요.

I think / it's better / to draw you the big picture first.

생각합니다　더 좋다고　　당신에게 먼저 큰 그림을 그려 주는 것이

> 각론에 들어가기 전에 개요를 먼저 언급할 때 활용할 수 있는 표현입니다. '큰 그림을 그려 주다'는 말 그대로 「draw+(someone)+the big picture」입니다.

5 보고서 요약부터 말씀드리며 시작하겠습니다.

Let me / start with a summary of the report.

~하겠습니다   보고서 요약으로 시작하는

~로 시작하다 start with

6 우선 먼저, 이것이 저희 계획의 핵심입니다.

First off, / here's the bottom line of our plan.

우선 먼저,   우리 계획의 핵심이 여기 있습니다

'맨 아랫줄'이란 뜻의 bottom line 이 '핵심, 요점, 결론'의 뜻으로 쓰이는 것은 회계 장부 맨 하단에 흑자 또는 적자의 결론을 말해 주는 곳이 있는데 거기에서 의미가 확장되어 유래됐기 때문입니다.
우선 먼저 first off

7 새 전략의 핵심 포인트를 말씀드리면서 시작해 보겠습니다.

I'll begin / with key points of the new strategy.

시작하겠습니다   새 전략의 핵심 포인트와 함께

~로 시작하다 begin with
핵심 포인트 key points

8 이번 캠페인의 주제는 저희의 대외 이미지를 제고하는 것입니다.

The main idea of this campaign /

이 캠페인의 요점은

is to boost our public image.

우리의 대외 이미지를 제고하는 것입니다

제고하다, 높이다 boost
대외 이미지 public image

낭독 훈련으로 문장을 체화하라

이번에는 문장을 처음부터 끝까지 죽 이어서 듣고 강세와 청크에 유의하며 따라서 말해 보세요. (천천히 5회, 빨리 5회)

Coaching

1 주요 포인트에 대해 먼저 말씀드리겠습니다.

Let me just / **touch** on the **main** points / **first**.

2 최근의 전개 상황에 대해 간략히 보고 드리겠습니다.

I'd like / to **brief** you on the **latest developments**.

brief you 부분이 연음되어 [브리퓨]같이 발음되는데, brief의 [f] 발음에 주의하세요. latest의 첫 번째 [t]는 [r]로 약화되어 [레이리스트]처럼 발음됩니다.

3 자세한 말씀드리기 전에 개요부터 설명을 드리겠습니다.

Before going into the **details**, / I'm going to give you an **overview**.

give you an overview 부분은 연음되어 [기뷰어노버뷰]처럼 빨리 발음됩니다. details의 복수형 어미 '-s' 발음을 빼먹지 마세요.

4 큰 그림을 먼저 그려 드리는 게 나을 것 같네요.

I think / it's **better** / to **draw** you the **big** picture **first**.

🎧 11-02

5 보고서 요약부터 말씀드리며 시작하겠습니다.

Let me / start with a summary of the report.

Coaching
start의 중간 [t]는 경음화되어 [스딸트]처럼 발음되지요.

6 우선 먼저, 이것이 저희 계획의 핵심입니다.

First off, / here's the bottom line of our plan.

bottom의 [t]는 [r]처럼 약화되어 [바럼]으로 발음됩니다. line of our 부분은 화자의 의도에 따라 the bottom line / of our plan으로 끊어 읽을 수도 있고, 빨리 읽어 연음되면 [라이너봐월]처럼 발음됩니다.

7 새 전략의 핵심 포인트를 말씀드리면서 시작해 보겠습니다.

I'll begin / with key points of the new strategy.

8 이번 캠페인의 주제는 저희의 대외 이미지를 제고하는 것입니다.

The main idea of this campaign / is to boost our public image.

성공 비즈니스톡에 도전하라

해결사 문장들을 실제 비즈니스 대화에서 활용해 봅시다. 우리말 부분을 1초 내로 말할 수 있는지 확인해 보세요.

📢 Talk 1

A: I understand you have some information for me.

B: Yes, 최근의 전개 상황에 대해 간략히 보고 드리겠습니다.

A: I've heard a little already, but I still have a few questions.

B: OK, hopefully what I have to say will answer some of your questions.

already 이미, 벌써 / hopefully 바라건대, 희망컨대 / answer 답을 하다

📢 Talk 2

A: In a nutshell, what's the goal of this campaign?

B: 이번 캠페인의 주제는 저희의 대외 이미지를 제고하는 것입니다.

A: OK, I see. How exactly are we going to do that?

B: Well, we have three approaches in mind.

in a nutshell 핵심적으로, 간단명료하게 / approach 접근법, 처리 방법

Talk 1

A: 뭐 보고할 게 있는 것 같군요.

B: 네, **I'd like to brief you on the latest developments.**

A: 보고는 벌써 좀 듣긴 했는데 궁금한 게 아직 몇 개 있어요.

B: 네, 제가 보고 드리는 내용으로 의문이 좀 해소되셨으면 좋겠습니다.

Talk 2

A: 한마디로 이번 캠페인의 목표가 뭔가요?

B: **The main idea of this campaign is to boost our public image.**

A: 그렇군요. 그럼 그걸 정확하게 어떤 식으로 할 거죠?

B: 네, 저희가 지금 세 가지 복안을 가지고 있습니다.

90 PART 2 Reporting & Supervising

상황 12 진행 중인 상황을 보고할 때 (본론)

현재 진행되고 있는 업무 상황에 대해 언급할 때 활용할 수 있는 표현들입니다. 오늘 배우는 표현들은 보고에 그대로 활용할 수도 있고 패턴들을 여러 상황에 맞추어 재활용해도 좋은 것들로만 뽑았습니다.

Biz 공감 문장을 찾아라

다음 상황 해결사 문장들 중 내가 스피킹하고 싶은 공감 문장에 체크하고, 주어진 단어를 활용해 영어로 말해 보세요.

✓ 1 현 시점에서 저희는 더 많은 데이터 수집에 집중하고 있습니다. — focused of gathering

☐ 2 저희는 현재 혁신적인 디자인을 연구 중에 있어요. — innovative designs

☐ 3 저희 팀은 목표 달성을 위해 나아가고 있습니다. — on track

☐ 4 새 프로그램 개발이 거의 마무리 단계에 와 있어요. — almost done

☐ 5 예상 완료 시점보다 시간이 좀 더 걸릴 것 같아 보입니다. — looks like

☐ 6 현 프로젝트 예산에 대한 재고가 필요하다고 봅니다. — reconsider the budget

☐ 7 현 시점에선 상황이 어떻게 전개될지 말씀드리기 어렵습니다. — turn out

☐ 8 정보가 좀 더 파악되는 대로 다시 보고를 드리겠습니다. — get back to you

문장이 잘 안 만들어진다면 어떻게 말하면 되는지 지금부터 알아볼까요?

청크로 스피킹을 확장하라

문장을 영어 어순에 따라 조금씩 확장하며 말해 보세요.

■ **1** 현 시점에서 저희는 더 많은 데이터 수집에 집중하고 있습니다.

At this time, / we're focused / on gathering more data.

지금 시점에서　　우리는 집중하고 있습니다　　더 많은 데이터를 수집하는 데

현 시점에서 at this time[point]
~에 집중하다 be focused on -ing

■ **2** 저희는 현재 혁신적인 디자인을 연구 중에 있어요.

We're currently working / on innovative designs.

우리는 현재 연구하는 중이에요　　　혁신적인 디자인에 관해

'지금 어떠한 일을 하고 있는 중이다'를 표현할 때 「be working on ~」 구문을 활용하면 좋습니다.
현재 currently
혁신적인 innovative

■ **3** 저희 팀은 목표 달성을 위해 나아가고 있습니다.

Our team is on track / to achieve its goal.

우리 팀은 착착 진행 중입니다　　　팀의 목표를 달성하기 위해

뭔가가 제대로 잘 진행 중임을 나타내는 표현으로 be on track을 쓰세요.
목표를 달성하다 achieve one's goal

■ **4** 새 프로그램 개발이 거의 마무리 단계에 와 있어요.

We're almost done / developing the new program.

우리는 거의 끝냈습니다　　　새 프로그램을 개발하는 것을

'~하는 것을 끝내다'는 구어체로 「be done -ing」로 표현합니다. 우리말에서 주어로 쓰이는 것이 실제 영어에서는 여기서처럼 목적어로 와야 하는 경우가 있습니다.

■ 5 예상 완료 시점보다 시간이 좀 더 걸릴 것 같아 보입니다.

It looks like / it'll take more time /
~같아 보입니다   더 많은 시간이 걸리는

than expected to finish.
끝내기로 예상된 것보다

~같아 보이다 look like
시간이 걸리다 take time
…보다 더 ~한 more ~ than …

■ 6 현 프로젝트 예산에 대한 재고가 필요하다고 봅니다.

We need to reconsider the budget /
우리는 예산을 재고할 필요가 있습니다

for the current project.
현 프로젝트에 대한

~을 필요로 하다 need to+동사원형
재고하다 reconsider

■ 7 현 시점에선 상황이 어떻게 전개될지 말씀드리기 어렵습니다.

It's difficult to say / how it will turn out /
말하는 것이 어렵습니다   상황이 어떻게 전개될지

at this point.
현 시점에서는

가주어 「it ~ to부정사」 구문을 활용하여 표현해 보세요. '원가가 드러나다, 밝혀지다, 판명이 되다'는 turn out을 쓰면 됩니다.

■ 8 정보가 좀 더 파악되는 대로 다시 보고를 드리겠습니다.

Let me get back to you / when we have more
당신에게 다시 연락드리겠습니다   우리가 정보를 더 가질 때

information.

나중에 다시 연락하거나 보고하는 것은 get back to (somebody)로 표현하면 됩니다. information은 복수형으로 쓰지 않는 것에 주의하세요.

낭독 훈련으로 문장을 체화하라

이번에는 문장을 처음부터 끝까지 죽 이어서 듣고 강세와 청크에 유의하며 따라서 말해 보세요. (천천히 5회, 빨리 5회)

1 현 시점에서 저희는 더 많은 데이터 수집에 집중하고 있습니다.

At **this** time, / we're **focused** / on gathering more **data**.

Coaching

at this에서 [t]는 거의 생략되고 data의 [t]도 [r] 비슷한 음으로 약화됩니다. focused on 부분은 연음되어 [포커스톤]같이 발음되는데, focused의 [f] 발음에 주의하세요.

2 저희는 현재 혁신적인 디자인을 연구 중에 있어요.

We're **currently** working / on **innovative** designs.

3 저희 팀은 목표 달성을 순조롭게 진행해 나가고 있습니다.

Our team is on **track** / to **achieve** its **goal**.

team is on 부분이 빠르게 발음되면 [티마-존]같이 연음됩니다. track에서처럼 [t]와 [r]이 만나면 [츄랙]에 가깝게 발음되는 것, 꼭 알아두세요.

4 새 프로그램 개발이 거의 마무리 단계에 와 있어요.

We're **almost** done / **developing** the new **program**.

5 예상 완료 시점보다 시간이 좀 더 걸릴 것 같아 보입니다.

It looks like / it'll take more time / than expected to finish.

Coaching

expected의 [p]와 [t]에서 경음화가 일어나 [익스뻭띠드]가 되고 뒤에 오는 to와 연음되면서 [익스뻭띠터]처럼 발음됩니다. finish의 [f] 발음에도 주의하세요.

6 현 프로젝트 예산에 대한 재고가 필요하다고 봅니다.

We need to reconsider the budget / for the current project.

7 현 시점에선 상황이 어떻게 전개될지 말씀드리기 어렵습니다.

It's difficult to say / how it will turn out / at this point.

difficult to에서 [t]가 겹치면서 하나가 탈락되고, at this에서도 [t]가 거의 생략됩니다. turn out은 연음되어 [터나우ㅌ]처럼 발음됩니다.

8 정보가 좀 더 파악되는 대로 다시 보고를 드리겠습니다.

Let me get back to you / when we have more information.

12-03

성공 비즈니스톡에 도전하라

해결사 문장들을 실제 비즈니스 대화에서 활용해 봅시다. 우리말 부분을 1초 내로 말할 수 있는지 확인해 보세요.

Talk 1

A: What's the current status on our latest project?

B: 예상 완료 시점보다 시간이 좀 더 걸릴 것 같아 보입니다.

A: Why is that?

B: We're really understaffed this time.

current status 현재 상태 / understaffed 인력이 부족한

Talk 2

A: We're expected to finish the entire project as planned, right?

B: 현 시점에선 상황이 어떻게 전개될지 말씀드리기 어렵습니다.

A: You know we really need to get this done on time.

B: Yes, sir. We'll do whatever it takes.

entire 전체의 / as (it is) planned 계획된 바대로 / on time 시간 내에, 제때에

Talk 1
A: 우리 최근 프로젝트 현재 상황이 어떤가요?
B: **It looks like it'll take more time than expected to finish.**
A: 왜 그렇지요?
B: 이번에는 저희가 인력이 너무 부족한 상황입니다.

Talk 2
A: 전체 프로젝트를 계획한 대로 끝낼 수 있는 것 맞죠?
B: **It's difficult to say how it will turn out at this point.**
A: 기간 내에 이걸 꼭 끝내야 한다는 것 잘 알잖아요.
B: 네, 무슨 수를 써서든 마무리하겠습니다.

96 PART 2 Reporting & Supervising

상황 13 필요한 액션을 설명할 때 (결론)

보고를 마무리할 때는 다음에 어떤 행동을 취할 것인지 밝혀야 합니다. 아래 표현들은 필요한 다음 액션을 언급할 때 활용할 수 있는 문장들입니다. 임팩트 있는 한마디가 중언부언하는 것보다 나을 때가 많다는 걸 꼭 기억하세요.

Biz 공감 문장을 찾아라

다음 상황 해결사 문장들 중 내가 스피킹하고 싶은 공감 문장에 체크하고, 주어진 단어를 활용해 영어로 말해 보세요.

☑ 1 그 프로젝트를 수행하기 위한 특별 전담팀 구성을 제안합니다. — a task force

☐ 2 이 일을 홍보 전문회사에 아웃소싱 하는 게 더 나을 것 같습니다. — outsource, a PR firm

☐ 3 매출 신장 노력을 지원하기 위해 예산을 더 배정해야 합니다. — allocate

☐ 4 저희 제품 라인을 다각화할 시점입니다. — to diversify

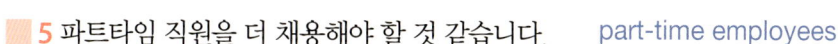

☐ 5 파트타임 직원을 더 채용해야 할 것 같습니다. — part-time employees

☐ 6 첫 번째 스텝은 고위 경영진을 설득하는 거라고 생각합니다. — to convince the upper management

☐ 7 사내에 좀 더 집중적인 트레이닝 프로그램을 도입해야 합니다. — a more intensive training program

☐ 8 지금 이 문제를 다루지 않는다면 나중에 대가를 치를 것입니다. — address this issue

문장이 잘 안 만들어진다면 어떻게 말하면 되는지 지금부터 알아볼까요?

청크로 스피킹을 확장하라

문장을 영어 어순에 따라 조금씩 확장하며 말해 보세요.

1 그 프로젝트를 수행하기 위한 특별 전담팀 구성을 제안합니다.

I suggest forming a task force /
특별 전담팀 구성을 제안합니다

to do the project.
그 프로젝트를 수행하기 위한

> '특별 전담팀'은 task force, '구성하다'는 form, 그리고 suggest는 동명사를 목적어로 취하는 동사라서 forming으로 써야 합니다. '프로젝트를 수행하다' 할 때의 '수행하다'는 do 동사를 쓰면 됩니다.

2 이 일을 홍보 전문회사에 아웃소싱 하는 게 더 나을 것 같습니다.

We'd better outsource this work /
우리는 이 일을 아웃소싱 하는게 차라리 낫겠습니다

to a PR firm.
홍보 전문회사에

> '~하는 게 (차라리) 낫겠다'는 「had better+동사원형」 구문을 활용하세요. 홍보 전문회사는 a PR firm 또는 a PR agency라고 합니다. ~을 …에게 아웃소싱 하다 outsource ~ to …

3 매출 신장 노력을 지원하기 위해 예산을 더 배정해야 합니다.

We should allocate more budget /
우리는 더 많은 예산을 배정해야 합니다

to support our sales effort.
매출 신장 활동을 지원하기 위해

> ~을 배정하다 allocate
> 매출 신장 노력을 지원하다 support one's sales effort

4 저희 제품 라인을 다각화할 시점입니다.

It's time / to diversify our product line.
~할 때입니다   우리 제품 라인을 다각화하는

> '~할 때/시점이다'는 「It's time to +동사원형」 구문을 많이 씁니다. 다각화하다 diversify

13-01

5 파트타임 직원을 더 채용해야 할 것 같습니다.

We may need / to hire more part-time employees.
~가 필요할 것 같습니다   파트타임 직원을 더 채용하는 것이

> '~해야 할 것 같다'는 「may need to+동사원형」으로 표현할 수 있습니다.
> 파트타임 직원 part-time employee

6 첫 번째 스텝은 고위 경영진을 설득하는 거라고 생각합니다.

I think / the first step / is to convince the upper management.
생각합니다   첫 번째 스텝은   고위 경영진을 설득하는 거라고

> 설득하다 convince
> 고위 경영진 upper management

7 사내에 좀 더 집중적인 트레이닝 프로그램을 도입해야 합니다.

The company should / introduce a more intensive training program.
회사는 ~해야 합니다   더 집중적인 트레이닝 프로그램을 도입하는

> ~해야 한다 should
> 도입하다 introduce

8 지금 이 문제를 다루지 않는다면 나중에 대가를 치를 것입니다.

If we don't address this issue now, / we'll pay the price later.
우리가 이 문제를 지금 다루지 않는다면
우리는 나중에 대가를 치를 것입니다

> address가 동사로 쓰일 때는 '상황/문제를 다루다'는 뜻이 있습니다.
> 대가를 치르다 pay the price

13 필요한 액션을 설명할 때 99

낭독 훈련으로 문장을 체화하라

이번에는 문장을 처음부터 끝까지 죽 이어서 듣고 강세와 청크에 유의하며 따라서 말해 보세요. (천천히 5회, 빨리 5회)

Coaching

■ 1 그 프로젝트를 수행하기 위한 특별 전담팀 구성을 제안합니다.

I suggest forming a **task** force / to do the **project**.

suggest의 [dʒ]와 task의 [æ]는 의식적으로 입을 크게 벌려 발음하려고 노력해야 제대로 소리가 납니다. forming과 force의 [f] 발음에도 주의하세요.

■ 2 이 일을 홍보 전문회사에 아웃소싱 하는 게 더 나을 것 같습니다.

We'd better **outsource** this **work** / to a **PR** firm.

■ 3 매출 신장 노력을 지원하기 위해 예산을 더 배정해야 합니다.

We should **allocate** more **budget** / to support our **sales effort**.

■ 4 저희 제품 라인을 다각화할 시점입니다.

It's **time** / to **diversify** our **product** line.

diversify의 강세와 발음에 주의하세요. 특히 [v]와 [f]가 한 단어에 있으니 정확하게 발음할 수 있도록 연습해야 합니다. product line에서 [t]는 뒤 단어 첫 자음 소리와 부딪혀 거의 사라집니다.

🎧 13-02

Coaching

■ 5 파트타임 직원을 더 채용해야 할 것 같습니다.

We may need / to hire more part-time employees.

■ 6 첫 번째 스텝은 고위 경영진을 설득하는 거라고 생각합니다.

I think / the first step / is to convince the upper management.

first step에서 [st]가 겹쳐 하나가 탈락하는 현상이 일어납니다. 그래서 [펄스뗍]이라고 발음되죠. think의 [θ] 발음, first의 [f] 발음, convince의 [v] 발음에 주의하세요.

■ 7 사내에 좀 더 집중적인 트레이닝 프로그램을 도입해야 합니다.

The company should / introduce a more intensive training program.

■ 8 지금 이 문제를 다루지 않는다면 나중에 대가를 치를 것입니다.

If we don't address this issue now, / we'll pay the price later.

If 구문 쉼표 뒤에서 잠시 끊어 읽기를 해줍니다. address가 동사로 쓰이면 강세가 뒤로 가게 돼죠. later의 [t]는 약화되어 [레이러]로 발음됩니다.

 13-03

해결사 문장들을 실제 비즈니스 대화에서 활용해 봅시다. 우리말 부분을 1초 내로 말할 수 있는지 확인해 보세요.

📢 Talk 1

A: Any suggestions on how to get started?

B: 그 프로젝트를 수행하기 위한 특별 전담팀 구성을 제안합니다.

A: Alright. How many people and who do you think should be on the T/F?

B: I'm open to hearing your ideas first, sir.

suggestion 제안, 제의 / be open to ~할 여지가 있다, 용의가 있다

📢 Talk 2

A: How do you think we could improve our staff's negotiation skills?

B: 사내에 좀 더 집중적인 트레이닝 프로그램을 도입해야 합니다.

A: OK then, can you put together an outline for a program?

B: Sure. I'll get on it right away.

negotiation 협상 / put together 조립하다, 만들다, 준비하다 / get on it 착수하다, 시작하다

Talk 1
A: 어떻게 시작을 할지 제안할 사항 있나요?
B: **I suggest forming a task force to do the project.**
A: 좋아요, 그럼 T/F팀에 몇 명이나 필요하고 누가 적임자여야겠어요?
B: 갖고 계신 의견이 어떤지 먼저 들어볼 용의가 있습니다.

Talk 2
A: 우리 직원들의 협상 기술을 높이려면 어떻게 하면 좋겠나?
B: **The company should introduce a more intensive training program.**
A: 좋아, 그럼 그런 프로그램 기획서를 하나 준비해 주겠나?
B: 네, 즉시 착수하겠습니다.

102 PART 2 Reporting & Supervising

상황 14 : 사안에 대한 의견·견해 등을 제시할 때

어떤 안건에 대한 자신의 의견이나 생각을 한마디 언급해야 할 분위기인데 영어로 그 한마디가 잘 떠오르지 않을 때가 있습니다. 그럴 때 좀 엣지(?)있게 활용해 볼 만한 표현들을 오늘 한번 연습해 보세요.

Biz 공감 문장을 찾아라

다음 상황 해결사 문장들 중 내가 스피킹하고 싶은 공감 문장에 체크하고, 주어진 단어를 활용해 영어로 말해 보세요.

☑ 1 장기적으론 이 접근법이 더 나은 길임이 분명합니다.   in the long run

☐ 2 우리가 이 전략을 시도한다면 훨씬 경쟁력 있을 거예요.   more competitive

☐ 3 손쉬운 선택을 해서는 안 될 것입니다.   the easy way

☐ 4 제 생각으론 그건 시간 문제입니다. (시간이 지나봐야 할 사안입니다.)   a matter of time

☐ 5 저희는 좀 더 현실적일 필요가 있을 것 같습니다.   more realistic

☐ 6 제 의견은 저희가 현재 시스템대로는 지속할 수 없다는 겁니다.   continue with the current system

☐ 7 제가 볼 때 저희가 감당할 수 있는 범위를 넘고 있는 것 같습니다.   biting off more than we can chew

☐ 8 이 협상에서 우리가 좀 더 유연해질 필요가 있다고 생각합니다.   be more flexible

문장이 잘 안 만들어진다면 어떻게 말하면 되는지 지금부터 알아볼까요?

청크로 스피킹을 확장하라

문장을 영어 어순에 따라 조금씩 확장하며 말해 보세요.

1 장기적으론 이 접근법이 더 나은 길임이 분명합니다.

This approach must be better / in the long run.

이 접근법이 더 나은 것이 틀림없습니다   장기적으로는

'~임이 분명하다, ~임이 틀림없다'를 표현할 때는 강한 추측의 의미를 지닌 조동사 must를 씁니다.
장기적으로 in the long run

2 우리가 이 전략을 시도한다면 훨씬 경쟁력 있을 거예요.

If we try this strategy, / we'll be much more competitive.

우리가 이 전략을 시도한다면   우리는 훨씬 더 경쟁력이 있을 것입니다

문장 전체 구조는 조건의 If 구문을 활용하여 「If S+V, S+V」 형태로 표현하면 됩니다.
시도하다 try
경쟁력 있는 competitive

3 손쉬운 선택을 해서는 안 될 것입니다.

We shouldn't / take the easy way out.

~해서는 안 됩니다   쉬운 길을 선택하는

~해서는 안 된다 should not
쉬운 길을 선택하다 take the easy way out

4 제 생각으론 그건 시간 문제입니다. (시간이 지나 봐야 할 사안입니다.)

As far as I'm concerned, / it's a matter of time.

저에 관한한(저로서는)   그것은 시간 문제입니다

의견을 제시할 때 '최소한 ~의 견해로는'의 의미를 「as far as S+be concerned」 구문으로 표현할 수 있습니다.
시간 문제 a matter of time

14-01

■ 5 저희는 좀 더 현실적일 필요가 있을 것 같습니다.

I think / we need to be more realistic.
~ 같습니다　우리는 좀 더 현실적일 필요가 있는

~할 필요가 있다 need to+동사원형
현실적인 realistic

■ 6 제 의견은 저희가 현재 시스템대로는 지속할 수 없다는 겁니다.

My opinion is / that we cannot continue /
제 의견은 ~입니다　　　우리는 지속할 수 없습니다

with the current system.
현재의 시스템과 함께

내 의견은 ~이다 My opinion is that ~
~로 지속할 수 없다 cannot continue with

■ 7 제가 볼 때 저희가 감당할 수 있는 범위를 넘고 있는 것 같습니다.

The way I see it / we're biting off more than
내가 보는 방식으로는　　　우리가 감당할 수 있는 것보다 무리하고 있습니다

we can chew.

의견, 견해를 제시할 때 '내가 보는 바로는, 내가 볼 때는'의 표현으로 「the way I see it」 구문을 활용하면 좋습니다. '감당할 수 있는 범위를 넘다, 분에 넘치다'는 「bite off more than 〈주어〉 can chew」 표현을 쓰세요.

■ 8 이 협상에서 우리가 좀 더 유연해질 필요가 있다고 생각합니다.

I believe / we need to be more flexible /
나는 믿습니다　　　우리가 좀 더 유연해질 필요가 있다고

in this negotiation.
이 협상에서

어떤 사안을 확정적으로 얘기하지 않고 한 발 물러서서 표현할 때 문장 앞에 I believe나 I think 등을 붙여서 말하면 됩니다.
유연한 flexible

낭독 훈련으로 문장을 체화하라

이번에는 문장을 처음부터 끝까지 죽 이어서 듣고 강세와 청크에 유의하며 따라서 말해 보세요. (천천히 5회, 빨리 5회)

Coaching

1 장기적으론 이 접근법이 더 나은 길임이 분명합니다.

This **approach** must be **better** / in the **long run**.

must be가 연음되면서 [st]가 약화되어 [머슷-비]같이 발음됩니다. approach의 [tʃ] 발음에 주의하고, long run에서 [l]과 [r]을 잘 구분하여 발음하세요.

2 우리가 이 전략을 시도한다면 훨씬 경쟁력 있을 거예요.

If we try this **strategy**, / we'll be **much** more **competitive**.

3 손쉬운 선택을 해서는 안 될 것입니다.

We **shouldn't** / take the **easy** way **out**.

4 제 생각으론 그건 시간 문제입니다. (시간이 지나 봐야 할 사안입니다.)

As **far** as I'm **concerned**, / it's a **matter** of time.

as far as 부분이 연음되고, matter of 부분도 연음됩니다. concerned의 어미 '-ed' 발음도 빼먹지 마세요.

Coaching

■ 5 저희는 좀 더 현실적일 필요가 있을 것 같습니다.

I think / we need to be more realistic.

need to be 부분은 [d]와 [t]가 부딪혀 [d]가 거의 사라지고 [니-트비]처럼 발음됩니다. think의 [θ] 발음에 주의하고, realistic의 [r] 발음과 단어 강세에 주의하세요.

■ 6 제 의견은 저희가 현재 시스템대로는 지속할 수 없다는 겁니다.

My opinion is / that we cannot continue / with the current system.

■ 7 제가 볼 때 저희가 감당할 수 있는 범위를 넘고 있는 것 같습니다.

The way I see it / we're biting off more than we can chew.

biting의 [t]는 [r]로 약화되고, chew에서 -ew 부분은 [uː] 장음임을 기억하세요.

■ 8 이 협상에서 우리가 좀 더 유연해질 필요가 있다고 생각합니다.

I believe / we need to be more flexible / in this negotiation.

성공 비즈니스톡에 도전하라

해결사 문장들을 실제 비즈니스 대화에서 활용해 봅시다. 우리말 부분을 1초 내로 말할 수 있는지 확인해 보세요.

 Talk 1

A: They want everything completed by the end of this month.

B: 저희는 좀 더 현실적일 필요가 있을 것 같습니다.

A: Are you saying we can't finish by then?

B: Yes, that only gives us about three weeks which is not enough time.

completed 완성된 / by then 그때까지

 Talk 2

A: They are really demanding a lot, don't you think?

B: 이 협상에서 우리가 좀 더 유연해질 필요가 있다고 생각합니다.

A: Really? How many more concessions should we have to make?

B: Remember that our main concern is closing the deal.

demand 요구하다 / concession 양보, 양해 / close the deal 계약을 따내다, 계약을 맺다

Talk 1
A: 그쪽은 이번 달 말까지 모든 걸 끝내 주길 원하고 있어.
B: **I think we need to be more realistic.**
A: 우리가 그때까지 끝낼 수 없을 거란 말인가?
B: 네, 이달 말까지라면 3주밖에 안 남았는데, 그건 충분한 시간이 아닙니다.

Talk 2
A: 그쪽 요구사항이 너무 많다고 생각하지 않아요?
B: **I believe we need to be more flexible in this negotiation.**
A: 정말요? 도대체 얼마나 더 많이 양보를 해야 되는 건데요?
B: 우리 목표는 계약을 따내는 것임을 명심하세요.

상황 15 업무 진행의 어려움을 어필할 때

직장에서 업무를 진행하다 보면 애로사항이 한두 가지가 아닙니다. 그런 말을 영어로 할 줄 몰라 불편을 겪고 있다면 다음 표현을 연습해서 어필을 해보는 건 어떨까요?

Biz 공감 문장을 찾아라

다음 상황 해결사 문장들 중 내가 스피킹하고 싶은 공감 문장에 체크하고, 주어진 단어를 활용해 영어로 말해 보세요.

✓ 1 그 바이어로부터 답변을 듣는 게 항상 오래 걸려요.   taking a long time

2 그쪽에서 모든 일에 사사건건 다 참견을 하고 있어요.   micromanaging

3 그쪽과는 의사소통에 정말 애로가 많습니다.   to communicate

4 우리는 한 번에 너무 많은 일을 처리하려고 하는 것 같습니다.   juggling too many things

5 우리 회사는 조직적으로 일하지 않고 있어요.   in an organized way

6 우리는 현재 수요 수준을 도무지 감당 못하고 있습니다.   keep up with

7 인력이 부족해 계속 일정이 뒤처지고 있어요.   a shortage of manpower

8 그쪽에서 저희 생산라인에 너무 부담을 주고 있습니다.   putting too much pressure

문장이 잘 안 만들어진다면 어떻게 말하면 되는지 지금부터 알아볼까요?

청크로 스피킹을 확장하라

문장을 영어 어순에 따라 조금씩 확장하며 말해 보세요.

1 그 바이어로부터 답변을 듣는 게 항상 오래 걸려요.

The buyer's always taking a long time /
그 바이어는 항상 긴 시간이 걸립니다

to respond
답변을 하는 데에

> 진행형 시제에 always를 쓰면 부정적인 어감(불평, 짜증)을 표현할 수 있습니다.
> ~하는 데 긴 시간이 걸리다 take a long time to+동사원형

2 그쪽에서 모든 일에 사사건건 다 참견을 하고 있어요.

They're micromanaging everything.
그들은 모든 것을 세세하게 관리하고 있어요

> 세세한 점까지 관리하다 micromanage
> 사사건건 다 참견하다 micromanage everything

3 그쪽과는 의사소통에 정말 애로가 많습니다.

It's been really hard / to communicate with
(그동안) 정말 힘이 들었습니다   그쪽과 의사소통하는 것이

them.

> 예전부터 애로가 많았다는 뜻이므로 「have+p.p.」의 현재완료형을 쓴 것에 유의하세요.

4 우리는 한 번에 너무 많은 일을 처리하려고 하는 것 같습니다.

It seems that / we're juggling too many things /
~인 것 같습니다   우리가 너무 많은 것을 처리하고 있는

at once.
한 번에

> ~인 것 같다 it seems that S+V
> 너무 많은 일을 하려고 하다 juggle too many things
> 한번에 at once

🎧 15-01

■ 5 우리 회사는 조직적으로 일하지 않고 있어요.

Our company / is not working in an organized
우리 회사는　　　　　조직적인 방식으로 일하고 있지 않습니다

way.

조직적인 방식으로 일하다 work in an organized way

■ 6 우리는 현재 수요 수준을 도무지 감당 못하고 있습니다.

We simply cannot keep up with /
우리는 그야말로 감당하지 못하고 있습니다

the current level of demand.
현재의 수요 수준을

감당하다 keep up with
현재 수요 수준 the current level of demand

■ 7 인력이 부족해 계속 일정이 뒤처지고 있어요.

Due to a shortage of manpower, / we're
인력 부족으로 인하여　　　　　　　　　우리는

constantly getting behind schedule.
계속 일정에 뒤처지고 있는 중이에요

~으로 인하여 due to+명사(구)
일정에 뒤처지다 get behind schedule

■ 8 그쪽에서 저희 생산라인에 너무 부담을 주고 있습니다.

They're putting too much pressure /
그들은 너무 부담을 주고 있습니다

on our production line.
우리 생산라인에

~에 부담을 주다 put pressure on
너무 많은 too much

낭독 훈련으로 문장을 체화하라

이번에는 문장을 처음부터 끝까지 죽 이어서 듣고 강세와 청크에 유의하며 따라서 말해 보세요. (천천히 5회, 빨리 5회)

1 그 바이어로부터 답변을 듣는 게 항상 오래 걸려요.

The buyer's **always** taking a **long** time / to **respond**.

Coaching
불평을 얘기하는 상황으로 always와 long을 강조합니다.

2 그쪽에서 모든 일에 사사건건 다 참견을 하고 있어요.

They're **micromanaging everything**.

3 그쪽과는 의사소통에 정말 애로가 많습니다.

It's been **really** hard / to **communicate** with them.

4 우리는 한 번에 너무 많은 일을 처리하려고 하는 것 같습니다.

It **seems** that / we're **juggling** too many **things** / at **once**.

at once에서 [t]는 [r]로 약화되거나 거의 사라집니다. seems, things 단어의 끝 '-s' 발음을 빼먹지 마세요.

■ 5 우리 회사는 조직적으로 일하지 않고 있어요.

Our company / is not **working** in an **organized** way.

Coaching

in an organized는 연음되어 [이너놀거나이즈드]로 발음됩니다.

■ 6 우리는 현재 수요 수준을 도무지 감당 못하고 있습니다.

We simply **cannot** keep up with / the **current** level of **demand**.

keep up 부분이 연음되는데 [p]가 경음화되어 [키뻡]같이 발음됩니다. current level에서 current의 [t]가 뒤 단어 첫 자음 [l]과 부딪혀 거의 사라집니다.

■ 7 인력이 부족해 계속 일정이 뒤쳐지고 있어요.

Due to a **shortage** of **manpower**, / we're **constantly** getting behind **schedule**.

쉼표가 있는 곳에서 끊어 읽기를 해 줍니다. shortage of에서 [t]는 [r]로 약화되고 연음이 일어나 [쇼리쵸브]처럼 발음됩니다. constantly는 발음이 까다로우니 주의하고요, getting의 [t]도 [r]로 약화되어 [게링]으로 발음됩니다.

■ 8 그쪽에서 저희 생산라인에 너무 부담을 주고 있습니다.

They're **putting** too much **pressure** / on our **production** line.

성공 비즈니스톡에 도전하라

 해결사 문장들을 실제 비즈니스 대화에서 활용해 봅시다. 우리말 부분을 1초 내로 말할 수 있는지 확인해 보세요.

📢 Talk 1

A: I feel like my every move is being watched.

B: Yes, 그쪽에서 모든 일에 사사건건 다 참견을 하고 있어요.

A: What do you think we should do?

B: Let's talk to the department head about it.

move 행동, 움직임 / be watched 감시당하다 / department head 부장, 부서장

📢 Talk 2

A: I heard you had some complaints about the guys over in logistics.

B: Yes, 그쪽에서 저희 생산라인에 너무 부담을 주고 있습니다.

A: Is that so? Why don't you bring that up in the next meeting so we can discuss it?

B: OK, I'll be sure to do that.

complaint 불평, 불만 / logistics 물류 / bring up (화제를) 꺼내다

Talk 1
A: 제가 하는 모든 걸 감시당하고 있다는 느낌이 들어요.
B: 네, **they're micromanaging everything.**
A: 우리가 어떡하면 좋을까요?
B: 부장님께 말씀을 한번 드려 보죠.

Talk 2
A: 물류 쪽 인력에 대해서 불만이 좀 있다고 들었는데.
B: 네, **they're putting too much pressure on our production line.**
A: 그래? 그럼 다음 미팅 때 얘기를 꺼내 보게. 논의를 좀 해볼 수 있도록 말이야.
B: 네, 그렇게 하도록 하겠습니다.

114 PART **2** Reporting & Supervising

상황 16 업무 지시를 내릴 때

영어로 외국인 직원에게 업무 지시를 해야 할 때 그런 표현을 써 본 경험이 없으면 좀 막막할 수 있어요. 오늘은 그때 필요한 표현들을 몇 가지 연습해 봅시다. 표현과 패턴을 잘 활용해 보면 보다 수월하게 업무 처리를 해낼 수 있을 거예요.

Biz 공감 문장을 찾아라

다음 상황 해결사 문장들 중 내가 스피킹하고 싶은 공감 문장에 체크하고, 주어진 단어를 활용해 영어로 말해 보세요.

☑ 1 당신이 이 일을 좀 맡아주길 바랍니다.   take on

☐ 2 우리 고객 한 분을 좀 만나 봐 주세요.   to meet with

☐ 3 이 숫자들을 엑셀에 정리해 주세요.   organize

☐ 4 이 연구 결과물에 대한 요약 보고서를 써 주세요.   an executive summary

☐ 5 내일 미팅에 쓸 보고서 초안 만드는 것 잊지 마세요.   make a draft report

☐ 6 새 아이디어를 담은 제안서 하나 준비해 줘요.   put together a proposal

☐ 7 이 보고서 다시 해주세요. 내가 기대했던 게 아니네요.   redo, looking for

☐ 8 이 실수 좀 당장 처리해 버리세요.   take care of

문장이 잘 안 만들어진다면 어떻게 말하면 되는지 지금부터 알아볼까요?

청크로 스피킹을 확장하라

문장을 영어 어순에 따라 조금씩 확장하며 말해 보세요.

1 당신이 이 일을 좀 맡아주길 바랍니다.

I want you / to take on this assignment.

당신에게 원합니다   이 일을 맡아주기를

'당신이 ~하길 원한다/바란다'는 「I want you to+동사원형」 구문을 활용할 수 있습니다.
일을 맡다 take on an assignment

2 우리 고객 한 분을 좀 만나 봐 주세요.

I need you / to meet with one of our clients.

당신이 필요합니다   우리 고객 중 한 분을 만나 주는 것이

'당신이 ~해 주는 게 필요하다'는 「I need you to+동사원형」 구문으로 표현합니다. 그냥 만나는 것이 아니라 뭔가를 논의하기 위해서 약속하고 만날 때는 「meet with+사람」을 씁니다.
~중의 하나 one of

3 이 숫자들을 엑셀에 정리해 주세요.

Organize these numbers / in a spreadsheet.

이 숫자들을 정리해 주세요   스프레드시트에

정리하다 organize
엑셀(스프레드시트) spreadsheet

4 이 연구 결과물에 대한 요약 보고서를 써 주세요.

Write up / an executive summary of these research findings.

써 주세요   이 연구 결과물에 대한 요약 보고서를

회람이나 보고를 목적으로 요약하여 쓸 때 write up 표현을 사용합니다.
연구 결과물 research findings

5 내일 미팅에 쓸 보고서 초안 만드는 것 잊지 마세요.

Don't forget / to make a draft report /
잊지 마세요　　　　　보고서 초안 만드는 것을

for tomorrow's meeting.
내일 미팅을 위한

~하지 마라 Don't+동사원형
~에 쓸 보고서 초안을 만들다 make a draft report for

6 새 아이디어를 담은 제안서 하나 준비해 줘요.

Please put together a proposal / with some
제안서를 하나 준비해 주세요　　　　　　새 아이디어와 함께

new ideas.

'이것저것을 모아 ~을 준비하다'는 의미로 「put (something) together」 표현을 많이 씁니다.
제안서 proposal

7 이 보고서 다시 해주세요. 내가 기대했던 게 아니네요.

Please redo this report / — it's not what I was
이 보고서를 다시 해주세요　　　　　　내가 기대했던 게 아니네요

looking for.

'다시 하다'를 어렵게 생각하지 말고 간단히 redo로 표현하면 됩니다. '내가 바라던 것, 기대했던 것'은 what I was looking for를 쓰면 해결됩니다.

8 이 실수 좀 당장 처리해 버리세요.

You should take care of this mistake / right
당신은 이 실수를 처리해야 합니다　　　　　　즉시

away.

명령문 형태 말고 You should ~ 구문으로도 지시를 할 수 있습니다. take care of (something)은 '돌보다'는 의미 외에 '~을 처리해 버리다'는 뜻으로도 쓸 수 있습니다.

16 업무 지시를 내릴 때　117

낭독 훈련으로 문장을 체화하라

이번에는 문장을 처음부터 끝까지 죽 이어서 듣고 강세와 청크에 유의하며 따라서 말해 보세요. (천천히 5회, 빨리 5회)

Coaching

1 당신이 이 일을 좀 맡아주길 바랍니다.

I want you / to take on this assignment.

2 우리 고객 한 분을 좀 만나 봐 주세요.

I need you / to meet with one of our clients.

need you는 연음되어 [니쥬]처럼 발음되고 one of our 부분도 [워노봐월]같이 연음됩니다. clients의 복수형 어미 '-s' 발음을 빼먹지 마세요.

3 이 숫자들을 엑셀에 정리해 주세요.

Organize these numbers / in a spreadsheet.

4 이 연구 결과물에 대한 요약 보고서를 좀 써 주세요.

Write up / an executive summary of these research findings.

write up an executive가 연음되는데 write의 [t]는 [r]로 약화되고, up의 [p]가 경음화되어 [라이러뻐니규제큐티브]처럼 발음됩니다.

훈련 횟수 및 암송 확인 체크

■ 5 내일 미팅에 쓸 보고서 초안 만드는 것 잊지 마세요.

Don't forget / to make a **draft** report / for **tomorrow's meeting**.

Coaching

Don't forget to는 Don't의 [t]가 뒤에 자음이 오면서 거의 사라지게 되고 forget to의 [t]는 같은 음이 겹쳐 하나가 탈락되어 [돈폴게투] 같이 발음됩니다. draft의 [dr] 부분은 [즈르]에 가깝게 발음되고요. meeting의 [t]는 [r]로 약화되어 [미링]으로 발음됩니다.

■ 6 새 아이디어를 담은 제안서 하나 준비해 줘요.

Please put together a **proposal** / with some **new** ideas.

■ 7 이 보고서 다시 해주세요. 내가 기대했던 게 아니네요.

Please redo this **report** / — it's **not** what I was **looking** for.

■ 8 이 실수 좀 당장 처리해 버리세요.

You should **take** care of this **mistake** / **right** away.

should는 한번에 [ʃud]로 짧게 발음해야 합니다. care of는 연음되어 [케어로브]처럼 되고요. right away도 [t]가 [r]로 약화되면서 [라이러웨이]처럼 연음됩니다.

성공 비즈니스톡에 도전하라

해결사 문장들을 실제 비즈니스 대화에서 활용해 봅시다. 우리말 부분을 1초 내로 말할 수 있는지 확인해 보세요.

📢 Talk 1

A: Ms Kim said you wanted to speak with me.

B: Yes, 우리 고객 한 분을 좀 만나 봐 주세요.

A: OK. What's it regarding?

B: Meet me in my office in 5 minutes and I'll explain.

regarding ~에 관하여 / explain 설명하다

📢 Talk 2

A: Anything else you like me to do before I leave today?

B: 이 연구 결과물에 대한 요약 보고서를 좀 써 주세요.

A: OK, when do you need it by?

B: I'd like to see it Monday morning.

anything else 그 밖에 또 다른 무엇 / leave 떠나다, (회사에서는) 퇴근하다 / by ~까지

Talk 1
A: 미스 김이 얘기하던데 저를 부르셨다고요.
B: 네, **I need you to meet with one of our clients.**
A: 그러죠. 어떤 일에 관한 건데요?
B: 5분 후에 내 사무실로 와주세요. 설명해 드릴게요.

Talk 2
A: 오늘 퇴근하기 전에 시키실 일 또 없으세요?
B: **Write up an executive summary of these research findings.**
A: 네, 언제까지 필요하세요?
B: 월요일 아침에는 봤으면 좋겠군요.

120 PART 2 Reporting & Supervising

상황 17 업무 진행 상황을 확인·점검할 때

직장에서 관리자의 중요한 임무 중 하나는 업무 진행 상황을 잘 확인하고 점검하는 것일 겁니다. 영어로 그런 상황을 처리하는 표현이 무엇인지 연습해 보고 실전에서 업무 진행 확인과 점검이 필요할 때 바로 활용해 보세요.

Biz 공감 문장을 찾아라

다음 상황 해결사 문장들 중 내가 스피킹하고 싶은 공감 문장에 체크하고, 주어진 단어를 활용해 영어로 말해 보세요.

☑ 1 일 진행은 어떻게 되어 가나요?   coming along

☐ 2 마무리할 때까지 얼마나 더 걸리겠어요?   How much longer

☐ 3 부탁한 제안서는 끝냈나요?   finish the proposal

☐ 4 지금까지 작업한 초안을 좀 볼 수 있을까요?   have worked on

☐ 5 그 이슈에 대한 중간 보고서를 부탁해요.   an interim report

☐ 6 현 프로젝트 진행 상황에 대해 간략하게 요약을 좀 해주세요.   have a brief rundown

☐ 7 일을 준비하는 데 부딪히는 문제 같은 건 없나요?   running into any problems

☐ 8 제가 걱정해야 할 만한 그런 일이 있을까요?   be worried about

문장이 잘 안 만들어진다면 어떻게 말하면 되는지 지금부터 알아볼까요?

청크로 스피킹을 확장하라

문장을 영어 어순에 따라 조금씩 확장하며 말해 보세요.

■ **1** 일 진행은 어떻게 되어 가나요?

How's the work / coming along?

일이 좀 어떤가요   진행되어 감이

뭐가 어떤지 물어볼 때 쓰는 의문사는 how입니다. come along은 (일 등이) 진행되어 나가는 것을 의미하는데 일의 진행 상황을 물어보는 일반적인 표현으로 이 문장을 잘 익혀 두세요.

■ **2** 마무리할 때까지 얼마나 더 걸리겠어요?

How much longer / until you're done?

얼마나 더 오래일까요   당신이 끝날 때까지

얼마나 더 오래 How much longer
~까지 until
끝내다 be done

■ **3** 부탁한 제안서는 끝냈나요?

Did you finish the proposal / that I asked for?

제안서를 끝냈나요   내가 부탁을 했던

우리말은 주어가 분명치 않아도 의사소통에 큰 문제가 없지만 영어는 주어와 동사 관계가 명확해야 합니다. '부탁한 제안서'는 '내가 부탁(요청)했던 그 제안서(the proposal that I asked for)로 주어를 살려서 표현해야 합니다.

■ **4** 지금까지 작업한 초안을 좀 볼 수 있을까요?

Can I see the draft / you've worked on so far?

초안을 좀 볼 수 있을까요   당신이 지금까지 작업한

상대방을 고려해서 '~ 좀 볼 수 있을까요?'는 「Can I see ~?」 구문을 쓰세요. '지금까지 작업을 한'은 현재완료 「have+p.p.」 형태를 써서 표현합니다.

🎧 17-01

■ 5 그 이슈에 대한 중간 보고서를 부탁해요.

I'd like an interim report / on the issue.

나는 중간 보고서를 원합니다   그 이슈에 대한

'~을 부탁하다'는 의미로 would like 구문을 활용하면 좋습니다.
중간 보고서 interim report

■ 6 현 프로젝트 진행 상황에 대해 간략하게 요약을 좀 해주세요.

Let me have a brief rundown / on the current project.

간략한 설명을 좀 주세요   현 프로젝트에 관한

진행 상황에 대해 간단한 설명을 요청할 때 쓸 수 있는 표현입니다. 어떤 것을 요청할 때 「Let me have ~」 구문을 활용할 수 있습니다.
간략한 요약 brief rundown

■ 7 일을 준비하는 데 부딪히는 문제 같은 건 없나요?

Are you running into any problems / getting things ready?

당신은 어떠한 문제들에 부딪히고 있나요
일을 준비하는 데

'일을 준비하는 데'는 getting things ready로 분사구문을 활용할 수 있습니다.
문제에 부딪히다 run into a problem

■ 8 제가 걱정해야 할 만한 그런 일이 있을까요?

Is there anything / I need to be worried about?

뭔가가 있나요   내가 걱정할 필요가 있는

~한 일이 있을까요? Is there anything+수식어구?
걱정할 필요가 있다 need to be worried about

17 업무 진행 상황을 확인·점검할 때   123

낭독 훈련으로 문장을 체화하라

이번에는 문장을 처음부터 끝까지 죽 이어서 듣고 강세와 청크에 유의하며 따라서 말해 보세요. (천천히 5회, 빨리 5회)

Coaching

1 일 진행은 어떻게 되어 가나요?

How's the work / **coming** along?

2 마무리할 때까지 얼마나 더 걸리겠어요?

How much **longer** / until you're **done**?

3 부탁한 제안서는 끝냈나요?

Did you **finish** the **proposal** / that I **asked** for?

finish의 [f]와 [ʃ] 발음에 주의하세요. proposal은 편의상 -ro-가 -or-로 바뀌어 [프러포우절]이 아닌 [퍼ㅓ포우즐] 정도로 발음됩니다. asked에서 과거형 어미 '-ed'의 발음도 빼먹지 마세요.

4 지금까지 작업한 초안을 좀 볼 수 있을까요?

Can I see the **draft** / you've **worked** on so far?

일반의문문으로 억양이 문장 끝에서 올라가고요. worked on 부분은 연음되어 [월ㅋ던]으로 발음됩니다. draft와 far의 [f] 발음에도 주의하세요.

124 PART **2** Reporting & Supervising

🎧 17-02

Coaching

▮ **5** 그 이슈에 대한 중간 보고서를 부탁해요.

I'd like an interim report / on the issue.

▮ **6** 현 프로젝트 진행 상황에 대해 간략하게 요약을 좀 해주세요.

Let me have a brief rundown / on the current project.

let me의 [t]는 뒤 단어 첫 자음과 부딪혀 소리가 거의 사라지게 됩니다. current project에서 current의 [t]도 마찬가지이고요. brief의 [f] 발음, rundown의 [r] 발음에 주의하세요.

▮ **7** 일을 준비하는 데 부딪히는 문제 같은 건 없나요?

Are you running into any problems / getting things ready?

▮ **8** 제가 걱정해야 할 만한 그런 일이 있을까요?

Is there anything / I need to be worried about?

need to 부분은 발음 탈락으로 [니투]처럼 발음되고요. worried about은 연음되면 [워리더바웃]처럼 됩니다. anything의 th[θ] 발음도 주의하세요.

훈련 횟수 및 암송 확인 체크

○ ○ ○ ○ ○ ○ ○ ○ ○ ○

17 업무 진행 상황을 확인·점검할 때 125

성공 비즈니스톡에 도전하라

해결사 문장들을 실제 비즈니스 대화에서 활용해 봅시다. 우리말 부분을 1초 내로 말할 수 있는지 확인해 보세요.

17-03

📢 Talk 1

A: We almost finished writing the proposal for the new contract.

B: Good. 지금까지 작업한 초안을 좀 볼 수 있을까요?

A: Sure, I'll have Ms Choi bring you a copy.

B: OK, I'll be in a meeting the rest of the morning, so have her bring it by this afternoon.

proposal 제안서 / contract 계약 / copy 복사본

📢 Talk 2

A: I don't know if you heard but our team ran into a few problems.

B: 제가 걱정해야 할 만한 그런 일이 있을까요?

A: No, it seems everything is on track now.

B: Well, if something comes up, be sure to let me know.

run into 마주치다 / be on track 순조롭게 (착착) 진행되다

Talk 1
A: 새 계약에 대한 제안서 작성을 거의 끝냈습니다.
B: 좋아요. **Can I see the draft you've worked on so far?**
A: 네, 미스 최에게 복사본 한 부 갖다 드리라고 하겠습니다.
B: 그러세요. 나머지 오전 시간에는 내가 회의에 들어가 있을 거니까 오늘 오후까지 보내주세요.

Talk 2
A: 혹시 들으셨는지 모르겠습니다만, 저희 팀이 몇 가지 문제가 있었습니다.
B: **Is there anything I need to be worried about?**
A: 아뇨, 지금은 모든 게 제대로 진행되고 있습니다.
B: 그래요. 무슨 일 생기면 꼭 알려주세요.

상황 18 업무 관련 의문 사항을 질문할 때

질문만 제대로 해도 불필요한 업무와 시간 낭비를 많이 줄일 수가 있습니다. 사고를 미연에 방지할 수도 있고요. 영어로 업무 관련 의문 사항이 있을 때 그냥 대충 넘어가지 말고 오늘 배우는 표현으로 예리하게 업무를 처리해 보세요.

Biz 공감 문장을 찾아라

다음 상황 해결사 문장들 중 내가 스피킹하고 싶은 공감 문장에 체크하고, 주어진 단어를 활용해 영어로 말해 보세요.

☑ 1 이 숫자들 정확한 건가요?   figures

☐ 2 이 자료들은 출처가 어디인가요?   get these data

☐ 3 이 일 진행하면서 도움은 충분히 받고 있나요?   getting enough help

☐ 4 이론상으론 괜찮은 것 같은데 실제로도 효과가 있을까요?   work in practice

☐ 5 이거 현장에 가서 직접 확인한 건가요?   check it for yourself

☐ 6 일정보다 먼저 끝낼 가능성은 얼마나 되죠?   the possibility

☐ 7 이게 상황을 개선하는 유일한 방법이라 생각하나요?   make things better

☐ 8 왜 우리가 아직도 똑같은 문제에 부딪히고 있는 건가요?   facing the same problem

문장이 잘 안 만들어진다면 어떻게 말하면 되는지 지금부터 알아볼까요?

청크로 스피킹을 확장하라

문장을 영어 어순에 따라 조금씩 확장하며 말해 보세요.

1 이 숫자들 정확한 건가요?

Are these figures correct?

이 숫자들 정확한 건가요?

자료의 정확성을 확인하거나 의문이 들 때 이 문장을 활용하면 됩니다.
숫자 figure
정확한 correct

2 이 자료들은 출처가 어디인가요?

Where did you get these data from?

당신은 이 자료를 어디로부터 얻었나요?

문장의 주어를 you로 고쳐서 표현을 떠올리면 보다 쉽게 영어 문장을 만들 수 있습니다.
~를 어디서 얻었나요? Where did you get ~ from?

3 이 일 진행하면서 도움은 충분히 받고 있나요?

Are you getting enough help / with this?

당신은 충분한 도움을 받고 있나요   이 일과 함께

뭔가 부족하거나 애로사항은 없는지 이 문장으로 확인해 볼 수 있습니다. get help(도움을 받다)에서 enough을 넣어 get enough help with (something) ~으로 확장된 것이지요.

4 이론상으론 괜찮은 것 같은데 실제로도 효과가 있을까요?

It sounds good in theory, / but will it work in practice?

이론상으론 괜찮게 들려요   하지만 실제 효과가 있을까요

어떤 아이디어나 제안의 실효성에 의문을 던지고 싶을 때 쓸 수 있는 표현입니다.
이론상으로 in theory
실제 효과가 있다 work in practice

🎧 18-01

■ 5 이거 현장에 가서 직접 확인한 건가요?

Did you go there and check it / for yourself?

당신이 거기 가서 확인했나요　　　　　　당신 스스로(직접)

> 직접 가서 체크했는지 의문을 나타낼 때 유용하게 써 먹을 수 있는 표현입니다.
> 가서 확인하다 go there and check
> 직접 for oneself

■ 6 일정보다 먼저 끝낼 가능성은 얼마나 되죠?

What's the possibility / of finishing ahead of schedule?

가능성은 얼마인가요　　　　일정보다 먼저 끝내는 것의

> 가능성이 얼마나 되는지를 물을 때는 의문사 How가 아니라 What을 쓰는 것에 주의하세요.
> 일정보다 먼저 ahead of schedule

■ 7 이게 상황을 개선하는 유일한 방법이라 생각하나요?

Do you think / it's the only way / to make things better?

당신은 생각하나요　이것이 유일한 방법이라고　상황을 개선하는

> ~라고 생각하나요? Do you think ~?
> 상황을 개선하다 make things better

■ 8 왜 우리가 아직도 똑같은 문제에 부딪히고 있는 건가요?

Why are we still / facing the same problem?

왜 우리는 아직 ~하고 있죠　똑같은 문제에 직면하는

> 회의 중 참석자들에게 '왜 우리가 아직도 ~하고 있죠?'라고 질문을 던져볼 수 있는데요, 「Why are we still -ing?」 구문으로 표현할 수 있습니다.
> 문제에 부딪히다 face a problem
> 똑같은 the same

18 업무 관련 의문 사항을 질문할 때　129

낭독 훈련으로 문장을 체화하라

이번에는 문장을 처음부터 끝까지 죽 이어서 듣고 강세와 청크에 유의하며 따라서 말해 보세요. (천천히 5회, 빨리 5회)

Coaching

1 이 숫자들 정확한 건가요?

Are these **figures correct**?

2 이 자료들은 출처가 어디인가요?

Where did you **get** these **data** from?

3 이 일 진행하면서 도움은 충분히 받고 있나요?

Are you getting **enough** help / with **this**?

getting의 [t]는 [r]로 약화되어 [게링]으로 발음돼요. with this 부분에서는 같은 발음 [ð] 두 개가 겹쳐 나와 하나가 탈락하는 연음 현상이 일어납니다.

4 이론상으론 괜찮은 것 같은데 실제로도 효과가 있을까요?

It sounds good in **theory**, / but will it **work** in **practice**?

good in 부분에서 연음이 일어나 [구딘]처럼 발음되고요, theory의 [θ] 발음에 주의하세요. will it과 work in 부분에서도 연음이 일어납니다. work in은 [k]에 경음화가 일어나 [워낀]처럼 발음됩니다.

훈련 횟수 및 암송 확인 체크

🎧 18-02

Coaching

5 이거 현장에 가서 직접 확인한 건가요?

Did you **go** there and **check** it / for **yourself**?

6 일정보다 먼저 끝낼 가능성은 얼마나 되죠?

What's the **possibility** / of **finishing** ahead of **schedule**?

What is가 축약되어 What's가 되었고요, ahead of의 [d]는 [r]로 약화되고 연음되면서 [어헤러브]로 발음됩니다. schedule의 [k]는 [스께줄]로 경음화가 일어납니다.

7 이게 상황을 개선하는 유일한 방법이라 생각하나요?

Do you **think** / it's the **only** way / to make things **better**?

8 왜 우리가 아직도 똑같은 문제에 부딪히고 있는 건가요?

Why are we **still** / facing the **same** problem?

still의 [t]는 경음화되어 [스띨]처럼 발음됩니다. still과 same 부분이 강조되어 높은 강세와 억양을 받겠고요, facing의 [f] 발음에도 주의하세요.

18 업무 관련 의문 사항을 질문할 때

성공 비즈니스톡에 도전하라

해결사 문장들을 실제 비즈니스 대화에서 활용해 봅시다. 우리말 부분을 1초 내로 말할 수 있는지 확인해 보세요.

18-03

Talk 1

A: Do you have any questions about the revenue report?

B: 이 숫자들 정확한 건가요?

The numbers don't add up.

A: I thought I double checked everything but let me go over them again.

revenue 수익, 수입 / add up 말이 되다, 앞뒤가 맞다 / double check 재확인하다 / go over 점검하다, 검토하다

Talk 2

A: What do you think of my idea?

B: 이론상으론 괜찮은 것 같은데 실제로도 효과가 있을까요?

A: We'll never know unless we try.

B: OK then, let's give it a go for a month and see if it works.

unless ~하지 않는다면 / give it a go ~을 한번 (시도)해 보다

Talk 1
A: 수익 보고서에 관해 혹시 질문 있으세요?
B: **Are these figures correct?**
   숫자가 앞뒤가 맞지 않네요.
A: 모든 걸 재확인까지 했던 것 같은데, 그 숫자들을 다시 한 번 점검해 보도록 하겠습니다.

Talk 2
A: 제 아이디어가 어떻습니까?
B: **It sounds good in theory, but will it work in practice?**
A: 실제 시도해 보지 않는 한 확실히 알 수는 없겠지요.
B: 좋아요. 그럼, 한 달간 한번 시도해 보면서 실제 효과가 있는지 봅시다.

상황 19 문제 또는 불만 사항을 처리할 때

고객들로부터 제기된 외부 문제를 처리할 때나 내부적으로 발생한 불만 사항을 처리할 때 활용할 수 있는 표현들입니다. 제때에 적절하게 한마디 대응해 주는 것이 상황을 보다 부드럽게 처리하는 데 큰 도움이 될 것입니다.

Biz 공감 문장을 찾아라

다음 상황 해결사 문장들 중 내가 스피킹하고 싶은 공감 문장에 체크하고, 주어진 단어를 활용해 영어로 말해 보세요.

✓ 1 불편 사항이 완전히 접수되었습니다.   fully recognized

☐ 2 필요한 조치를 즉시 취하도록 하겠습니다.   take the necessary step

☐ 3 책임이 있는 사람은 뒤따를 결과를 받아들여야 할 것입니다.   accept the consequences

☐ 4 위원회가 곧 보다 엄격한 기준을 시행할 것입니다.   implement stricter standards

☐ 5 관련된 사람들을 너무 심하게 대하진 맙시다.   be too hard on

☐ 6 폐를 끼쳐드린 점 사과드립니다.   accept our apologies

☐ 7 이런 일이 다시 발생하지 않도록 확실히 하겠습니다.   never happens again

☐ 8 보상 정책에 관한 더 자세한 정보는 이 번호로 연락해 주십시오.   compensation policy

문장이 잘 안 만들어진다면 어떻게 말하면 되는지 지금부터 알아볼까요?

청크로 스피킹을 확장하라

문장을 영어 어순에 따라 조금씩 확장하며 말해 보세요.

1 불편 사항이 완전히 접수되었습니다.

We fully recognized the complaints.

우리는 불편 사항을 완전히 인식하였습니다

> 문제나 불만을 처리할 때 상대방에게 공감을 주거나 문제에 대한 인정을 표현하는 말로 유용하게 활용할 수 있는 문장입니다.
> 완전히 fully
> 인정하다, 인식하다 recognize

2 필요한 조치를 즉시 취하도록 하겠습니다.

We'll take the necessary steps / immediately.

우리는 필요한 조치를 취할 것입니다   즉시

> 문제나 불만 처리에서 '어떤 조치를 취하겠다'는 말은 필수 표현입니다. '필요한 조치'는 the necessary steps를, 그런 조치를 '취하는' 것은 동사 take를 씁니다.

3 책임이 있는 사람은 뒤따를 결과를 받아들여야 할 것입니다.

The person responsible / will have to accept

책임이 있는 사람은   뒤따를 결과를 받아들여야

the consequences.

할 것입니다

> The person responsible은 responsible 앞에 who is가 생략된 경우입니다. 미래의 의무 상황을 표현할 때는 「will have to+동사원형」 구문을 쓰면 됩니다.

4 위원회가 곧 보다 엄격한 기준을 시행할 것입니다.

The committee's going to /

위원회는 ~할 것입니다

implement stricter standards soon.

곧 더 엄격한 기준을 시행하는

> 어떤 기준을 도입하여 시행할 때 동사 implement를 쓰면 되고요, 「be going to+동사원형」은 계획돼 있는 미래를 표현할 때 씁니다.

134 PART **2** Reporting & Supervising

🎧 19-01

5 관련된 사람들을 너무 심하게 대하진 맙시다.

Let's not be too hard / on anyone involved.

너무 심하게 하진 맙시다　　　관련된 사람들에게

> 어떤 문제와 관련해 의도가 악의적이지 않고 책임자가 실수를 인정할 때 관용을 베푸는 표현으로 쓸 수 있는 문장입니다.
> ~에게 심하게 대하다 be hard on+사람

6 폐를 끼쳐드린 점 사과드립니다.

Please accept our apologies /

저희의 사과를 받아주십시오

for the inconvenience.

불편에 대한

> 우리말 표현의 '폐를 끼친 것에 대해'는 for the inconvenience를, '~에 대해 사과를 드리다'는 '사과를 받아주다'는 accept one's apologies for ~를 써서 표현하면 됩니다.

7 이런 일이 다시 발생하지 않도록 확실히 하겠습니다.

We'll make sure / this never happens again.

우리는 확실히 하겠습니다　　이런 일이 다시 일어나지 않을 것을

> '꼭 그렇게 하겠다'는 맹세나 다짐을 표현할 때 「We'll make sure+S+V」 구문을 활용하세요.

8 보상 정책에 관한 더 자세한 정보는 이 번호로 연락해 주십시오.

Please call this number / for further information

이 번호로 연락해 주십시오　　　더 자세한 정보를 위해

/ on compensation policy.

　　보상 정책에 관한

> ~에 대해 …로 연락하다 call … for ~
> ~에 대한 더 자세한 정보 further information on

낭독 훈련으로 문장을 체화하라

이번에는 문장을 처음부터 끝까지 죽 이어서 듣고 강세와 청크에 유의하며 따라서 말해 보세요. (천천히 5회, 빨리 5회)

Coaching

1 불편 사항이 완전히 접수되었습니다.

We **fully** recognized the **complaints**.

2 필요한 조치를 즉시 취하도록 하겠습니다.

We'll take the **necessary** steps / **immediately**.

We'll은 [윌]로 발음됩니다. necessary와 immediately의 단어 강세에 주의하세요. steps의 복수형 어미 '-s' 발음도 빼먹으면 안 됩니다.

3 책임이 있는 사람은 뒤따를 결과를 받아들여야 할 것입니다.

The **person** responsible / will have to **accept** the **consequences**.

주어 구문이 길 때는 주어 구문과 동사 사이에서 잠시 끊어 읽기를 합니다. accept the에서는 [t]가 뒤에 오는 자음 때문에 거의 생략되다시피 해 [억쎕더]로 발음됩니다. 단어 consequences의 발음도 주의하세요.

4 위원회가 곧 보다 엄격한 기준을 도입할 것입니다.

The **committee's** going to / **implement** stricter standards **soon**.

훈련 횟수 및 암송 확인 체크

136 PART **2** Reporting & Supervising

Coaching

5 관련된 사람들을 너무 심하게 대하진 맙시다.

Let's **not** be too **hard** / on anyone **involved**.

6 폐를 끼쳐드린 점 사과드립니다.

Please **accept** our **apologies** / for the **inconvenience**.

동사 accept는 [익쎕트]에 가깝게 발음되고요. accept our는 [익쎕 따워]로 연음됩니다. apologies와 inconvenience의 단어 강세에 주의하세요.

7 이런 일이 다시 발생하지 않도록 확실히 하겠습니다.

We'll make **sure** / this **never** happens **again**.

8 보상 정책에 관한 더 자세한 정보는 이 번호로 연락해 주십시오.

Please call this **number** / for **further** information on **compensation** policy.

이 문장에서는 [p]와 [f]가 많이 등장하는데 잘 구분하여 발음하도록 하세요. [p]는 쉽게 발음할 수 있지만 for, further, information의 [f]는 처음 연습할 때부터 주의를 기울이도록 합니다.

성공 비즈니스톡에 도전하라

해결사 문장들을 실제 비즈니스 대화에서 활용해 봅시다. 우리말 부분을 1초 내로 말할 수 있는지 확인해 보세요.

19-03

Talk 1

A: I certainly hope you'll take care of this.

B: Yes, 필요한 조치를 즉시 취하도록 하겠습니다.

A: We haven't had this kind of problem before.
I don't know what's going on in your department these days.

B: I'm sorry. We're really stretched thin with this new project.

stretch 늘리다 / thin 얇은, 가는 / be stretched thin 한계에 달하다, 고갈되다

Talk 2

A: What do I need to do next?

B: 보상 정책에 관한 더 자세한 정보는 이 번호로 연락해 주십시오.

A: Will they be asking me for any documents?

B: I believe so. You may need a proof of purchase such as a credit card statement.

document 서류 / proof 증명, 증거 / purchase 구매 / statement 진술, 내역서

Talk 1
A: 이걸 반드시 처리해 주길 바라네.
B: 네, **we'll take the necessary steps immediately.**
A: 전에는 이런 문제가 없었는데 말이야. 요즘 자네 부서가 어떻게 돌아가는지 모르겠구먼.
B: 죄송합니다. 저희가 이번 새 프로젝트 때문에 좀 한계에 부딪히고 있습니다.

Talk 2
A: 이제 다음으로 뭘 하면 되죠?
B: **Please call this number for further information on compensation policy.**
A: 그쪽에서 저보고 서류 같은 걸 요청할까요?
B: 그럴 것 같습니다. 신용카드 명세서 같은 구매 증거가 필요할 것입니다.

상황 20 실적·성과·급여·복리후생 등을 상의할 때

실적이나 급여 등 돈과 연관된 사안은 참 민감한 주제입니다. 요청하는 쪽에서나 요구를 조정해야 하는 입장에서나 참 부담스럽죠. 이런 경우에 활용할 수 있는 표현들을 한번 익혀 봅시다.

Biz 공감 문장을 찾아라

다음 상황 해결사 문장들 중 내가 스피킹하고 싶은 공감 문장에 체크하고, 주어진 단어를 활용해 영어로 말해 보세요.

☑ 1 이번 분기에 보너스가 나오나요?   getting a bonus

☐ 2 제 복리후생(수당)에 대해 재고를 부탁드리고 싶은데요.   my benefits package

☐ 3 회사에 대한 제 기여도에 비해 제 급여가 그 수준에 못 미친다는 느낌이 듭니다.   reflect my contributions

☐ 4 근로 조건에 대해 뭔가 할 말이 있는 모양이군요.   working conditions

☐ 5 기대하는 바에 대해 한번 얘기를 해보겠어요?   your expectations

☐ 6 현재 우리 상황을 볼 때, 더 많은 복리후생은 불가능하겠네요.   more benefits

☐ 7 더 많은 직무개발 기회는 제공해 드릴 수 있어요.   more professional development opportunities

☐ 8 급여 인상을 요청하는 구체적인 이유라도 있나요?   asked for a raise

문장이 잘 안 만들어진다면 어떻게 말하면 되는지 지금부터 알아볼까요?

청크로 스피킹을 확장하라

문장을 영어 어순에 따라 조금씩 확장하며 말해 보세요.

1 이번 분기에 보너스가 나오나요?

Are we getting a bonus / this quarter?

우리는 보너스를 받게 되나요?   이번 분기에

> 우리말로는 '보너스가 나오다'로 주어가 보너스인 게 자연스럽지만 영어에서는 사람을 주어로 써서 '우리가 보너스를 받다 (we get a bonus)'로 표현하는 것이 맞는 표현입니다.

2 제 복리후생(수당)에 대해 재고를 부탁드리고 싶은데요.

Could we take another look / at my benefits package?

다시 한 번 봐줄 수 있나요   나의 복리후생을

> 재고하다 take another look at
> 복리후생 benefits package

3 회사에 대한 제 기여도에 비해 제 급여가 그 수준에 못 미친다는 느낌이 듭니다.

I feel / my salary doesn't reflect / my contributions to the company.

~한 느낌입니다   내 급여가 반영을 하지 않는다는

회사에 대한 내 기여도를

> 이 문장에서 '~에 못 미친다'는 '~를 반영하지 못한다'로 바꿔 써서 not reflect로 표현하면 됩니다.

4 근로 조건에 대해 뭔가 할 말이 있는 모양이군요.

I gather / you have some concerns / about your working conditions.

~ 같군요   당신이 어떤 할 말이 있는

당신의 근로 조건에 관해

> '~한 것 같다, ~한 모양이다' 등 추측을 표현할 때 I gather 구문을 쓸 수 있습니다. '(뭔가 구체적이진 않지만) 할 말[염려, 우려] 같은 게 있다'는 have some concerns로 표현하세요.

🎧 20-01

■ 5 기대하는 바에 대해 한번 얘기를 해보겠어요?

Could you tell us / what your expectations are?

우리에게 말해 볼래요   당신의 기대가 무엇인지를

'~에 대해 얘기를 해주실래요?'라고 정중히 물을 때는 「Could you tell us ~?」 구문을 쓰세요. 기대는 여러 가지일 수 있으므로 expectations로 복수형을 써 주면 됩니다.

■ 6 현재 우리 상황을 볼 때, 더 많은 복리후생은 불가능하겠네요.

Given our current situation, / I'm afraid /

우리의 현재 상황을 볼 때   (유감이지만) ~할 것 같네요

more benefits won't be possible.

더 많은 복리후생은 불가능한

given은 부사구를 이끌면서 '~를 고려해 볼 때, ~를 감안할 때'의 의미로 쓰입니다. I'm afraid를 쓰면 '~가 좀 어렵겠다'는 유감의 의미를 나타낼 수 있습니다.

■ 7 더 많은 직무개발 기회는 제공해 드릴 수 있어요.

We could offer / more professional development opportunities.

우리는 제공할 수 있어요   더 많은 직무개발 기회를

제공하다 offer
직업의, 직무의 professional
개발 development

■ 8 급여 인상을 요청하는 구체적인 이유라도 있나요?

Is there a specific reason / why you asked for a raise?

특별한 이유가 있나요   급여 인상을 요청한

직원이 급여나 복리후생을 거론할 때는 꼭 금전적인 보상 말고도 다른 가능성(옵션)이 있을 수 있기 때문에 그 사람의 숨은 동기나 이유를 구체적으로 물어보는 것이 좋을 때도 있습니다. 그런 경우에 유용하게 활용할 수 있는 문장입니다.

낭독 훈련으로 문장을 체화하라

이번에는 문장을 처음부터 끝까지 죽 이어서 듣고 강세와 청크에 유의하며 따라서 말해 보세요. (천천히 5회, 빨리 5회)

Coaching

1 이번 분기에 보너스가 나오나요?

Are we getting a **bonus** / this **quarter**?

2 제 복리후생(수당)에 대해 재고를 부탁드리고 싶은데요.

Could we take another **look** / at my **benefits** package?

Could we에서 [d]가 [r]로 약화되어 [쿠뤼]처럼 연음되고, look at 부분도 [루켓]으로 연음됩니다. package[pǽkidʒ]는 의도적으로 입을 크게 벌리고 [쥐]에 가깝게 발음해야 하니 주의하세요.

3 회사에 대한 제 기여도에 비해 제 급여가 그 수준에 못 미친다는 느낌이 듭니다.

I **feel** / my salary doesn't **reflect** / my **contributions** to the **company**.

4 근로 조건에 대해 뭔가 할 말이 있는 모양이군요.

I **gather** / you have some **concerns** / about your **working conditions**.

about your 부분은 연음되어 [어바우츄얼]처럼 발음됩니다. concerns와 conditions에서 명사의 복수형 어미 '-s' 발음을 빼먹지 마세요.

🎧 20-02

Coaching

■ 5 기대하는 바에 대해 한번 얘기를 해보겠어요?

Could you tell us / what your expectations are?

■ 6 현재 우리 상황을 볼 때, 더 많은 복리후생은 불가능하겠네요.

Given our current situation, / I'm afraid / more benefits won't be possible.

Given ~ 이하 부사구의 쉼표 뒤에서 끊어 읽기를 해줍니다. Given our는 [기브나월]같이 연음되고요. current situation과 won't be에서 [t]는 약화되어 거의 사라져버립니다.

■ 7 더 많은 직무개발 기회는 제공해 드릴 수 있어요.

We could offer / more professional development opportunities.

■ 8 급여 인상을 요청하는 구체적인 이유라도 있나요?

Is there a specific reason / why you asked for a raise?

for a 부분에 [포러]처럼 연음이 일어나고요. asked의 과거형 어미 '-ed'의 발음을 빼먹지 않도록 합니다. specific은 단어 강세에 주의하고, reason과 raise의 [r] 발음도 주의해서 해야 합니다.

성공 비즈니스톡에 도전하라

해결사 문장들을 실제 비즈니스 대화에서 활용해 봅시다. 우리말 부분을 1초 내로 말할 수 있는지 확인해 보세요.

🎧 20-03

Talk 1

A: So basically you're not happy with your pay.

B: Yes. 회사에 대한 제 기여도에 비해 제 급여가 그 수준에 못 미친다는 느낌이 듭니다.

A: But I think your current salary is commensurate with your performance review.

B: I'm not sure I completely agree with that.

commensurate 상응하는, 어울리는 / performance review 인사고과

Talk 2

A: I thought I would be given either a salary increase or bonus this year.

B: You know we can't do that at this time.

A: Well, then what else could the company provide?

B: 더 많은 직무개발 기회는 제공해 드릴 수 있겠어요.

salary increase 급여 인상 / provide 제공하다

Talk 1
A: 기본적으로 현재 급여가 마음에 들지 않는다고.
B: 네, **I feel my salary doesn't reflect my contributions to the company.**
A: 하지만 현재 급여 수준이 자네 인사고과 받은 것과 상응하는 것 같은데.
B: 그 말씀에 전적으로 동의해 드릴 수가 없을 것 같습니다.

Talk 2
A: 올해에는 급여 인상이나 보너스를 받을 수 있을 거라 생각했는데요.
B: 지금 시점에서는 그럴 수 없다는 것 알잖아요.
A: 그렇다면 회사에서 제공 가능한 게 어떤 건가요?
B: **We could offer more professional development opportunities.**

이 문장만은 반드시!

1. 큰 그림을 먼저 그려드리는 게 나을 것 같네요.
I think it's better to draw you the big picture first.

2. 새 프로그램 개발이 거의 마무리 단계에 와 있어요.
We're almost done developing the new program.

3. 저희 제품 라인을 다각화할 시점입니다.
It's time to diversify our product line.

4. 지금 이 문제를 다루지 않는다면 나중에 대가를 치를 것입니다.
If we don't address this issue now, we'll pay the price later.

5. 제가 볼 때 저희가 감당할 수 있는 범위를 넘고 있는 것 같습니다.
The way I see it we're biting off more than we can chew.

6. 우리는 한 번에 너무 많은 일을 처리하려고 하는 것 같습니다.
It seems that we're juggling too many things at once.

7. 이 숫자들을 엑셀에 정리해 주세요.
Organize these numbers in a spreadsheet.

8. 이 보고서 다시 해주세요. 내가 기대했던 게 아니네요.
Please redo this report – it's not what I was looking for.

9. 마무리할 때까지 얼마나 더 걸리겠어요?
How much longer until you're done?

10. 일을 준비하는 데 부딪히는 문제 같은 건 없나요?
Are you running into any problems getting things ready?

11. 이론상으론 괜찮은 것 같은데 실제로도 효과가 있을까요?
It sounds good in theory, but will it work in practice?

12. 일정보다 먼저 끝낼 가능성은 얼마나 되죠?
What's the possibility of finishing ahead of schedule?

13. 필요한 조치를 즉시 취하도록 하겠습니다.
We'll take the necessary steps immediately.

14. 회사에 대한 제 기여도에 비해 제 급여가 그 수준에 못 미친다는 느낌이 듭니다.
I feel my salary doesn't reflect my contributions to the company.

15. 급여 인상을 요청하는 구체적인 이유라도 있나요?
Is there a specific reason why you asked for a raise?

액티브 리스닝(Active Listening) - 요점을 확인하며 들어라!

일상대화, 회의, 프레젠테이션 중에 잠깐 딴 생각으로 상대방의 말을 놓치는 경우가 종종 있습니다. 왜 이런 일이 생길까요? 여기 수긍할 만한 설명이 있습니다. 화자(speaker)는 평균적으로 분당 125단어를 말한다고 합니다. 이에 반해 청자(listener)는 분당 500단어의 말을 이해할 수 있다고 합니다. 이 두 가지 사실을 연결시켜 보면 이런 해석이 가능하죠. 즉, 말을 하는데 들어가는 브레인 파워가 100이라면 듣기에 사용되는 브레인 파워는 25만 있어도 되는 셈입니다. 그럼, 이론적으로 리스닝을 훨씬 더 잘할 것 같은데 현실은 그렇지가 않죠.

자, 지금 누군가 한 명이 앞에서 스피킹을 하고 있으면 그걸 듣는 내 속에는 네 명의 자아가 있을 수 있습니다. 내 속의 4명 중 1명만 듣고 있어도 충분히 상대방의 스피킹을 이해할 수 있는데, 문제는 이 나머지 3명이 잠자코 있질 않고 딴짓을 한다는 것입니다. 내 속의 이 세 방해꾼들은 듣고 있는 (내 속의) 1명에게 수시로 훼방을 놓습니다. 결론적으로 말해 의식적으로라도 집중하지 않으면 상대방의 말을 건성으로 듣기 십상이라는 것입니다. 여기서 등장하는 듣기 기술이 바로 '액티브 리스닝(Active Listening)'입니다.

한마디로 액티브 리스닝은 상대방이 하고 있는 얘기를 요점을 확인하면서 듣는 것입니다. 그냥 잠자코 듣고만 있거나 건성으로 Yes나 OK를 되풀이하는 것이 아닙니다. 분명한 결론을 도출하기 위해 상대방의 의견을 제대로 청취하고 쟁점을 명확히 잡는 것이지요. 액티브 리스닝에 필요한 표현들은 다음과 같습니다.

- So let me make sure I understand you.   (제가 제대로 이해했는지 확인 좀 드릴게요.)
- If I heard you correctly, ~   (제가 정확하게 들었다면 ~)
- Your point is ~   (그쪽이 말하는 요점은 ~)
- What I'm hearing is ~   (제가 들은 바는 ~)
- Just to check what you've said, ~   (말씀하신 것을 확인하기 위해 ~)
- Let me confirm what you've said.   (지금까지 말씀하신 것을 확인 좀 하겠습니다.)

<Sample Dialog>

A: <u>If I heard you correctly,</u> we are often out of stock with that product.
(제가 정확히 들었다면, 우리가 그 제품 재고가 종종 바닥이라는 거네요.)

B: Yes, we are. It may be a good time to look for another supplier.
(네, 그렇습니다. 추가 공급자를 찾아 봐야 할 때인 것 같습니다.)

A: <u>Do you mean to say</u> you are not in favor of the proposal?
(그 제안에 찬성하는 게 아니라는 말씀인 거죠?)

B: I'm afraid not. As I said earlier, I feel like they're hiding something.
(네, 아닙니다. 앞서 말씀드린 것처럼 그쪽에서 뭔가를 숨기고 있는 느낌입니다.)

A: <u>Your point is</u> we're not doing it right and something needs to be fixed.
(당신의 요점은 우리가 제대로 하지 못하고 있고 뭔가 개선이 필요하다는 거군요.)

B: I have to say yes, and that has to be done ASAP(as soon as possible).
(그렇다고 말씀드려야겠고요, 그것도 최대한 빨리 이뤄져야 하겠습니다.)

A: <u>To check what you said,</u> you are not happy with your purchase and want to exchange it for something else.
(말씀하신 걸 확인하자면 구매하신 게 마음에 들지 않아서 다른 걸로 교환을 원하신다는 거죠.)

B: That's right. I'd like something less complicated and more expandable later.
(그렇습니다. 덜 복잡하고 나중에 더 확장 가능한 걸 원합니다.)

PART 3

Telephoning
전화 영어

비즈니스 영어 회화의 꽃은 바로 전화 영어지만 동시에 많은 직장인들이 가장 곤혹스러워하는 부분이기도 합니다. 하지만 회사 내에서 영어 통화는 보편적으로 짧게 진행되며, 예상되는 상황도 그리 많지 않아서 필수 표현만 확실하게 해놓으면 노력 대비 성과가 큰 부분이기도 합니다. 눈으로만 봐서는 안 됩니다. 길 가다가도 술술 나올 수 있게 큰소리로 따라 읽고 연습하세요

상황 21. 갑자기 영어로 걸려온 전화를 받았을 때
상황 22. 상대방 메시지를 받아 둘 때
상황 23. 찾는 사람 부재 시 메시지를 남길 때
상황 24. 상대방에게 음성 메시지를 남길 때
상황 25. 상사의 메시지 전달이나 약속을 신청할 때
상황 26. 일정·방문 계획 등을 의논할 때 (방문 전 일정을 잡기 위해)
상황 27. 일정 변경·취소·연기가 필요할 때
상황 28. 팩스·이메일·우편·배송 등의 도착을 확인할 때
상황 29. 전화상으로 핑계나 구실을 댈 때 (세일즈·기부 요청·응대 회피)
상황 30. 전화 통화를 마무리할 때 (통화 내용 확인 및 적절한 마무리 인사 표현)

Innovation distinguishes between a leader and a follower.

– Steve Jobs (스티브 잡스–애플 사 최고경영자)

혁신은 리더와 추종자를 구분하는 잣대이다.

상황 21 갑자기 영어로 걸려온 전화를 받았을 때

무심코 전화를 받았는데 수화기에서 갑자기 영어가 튀어나오면 아주 당황스럽지요. 평소에 영어를 많이 쓸 일이 없으면 충분히 그럴 수 있습니다. 하지만 전화 받기 핵심 표현만 익혀 두면 이제 영어로 전화 받는 건 큰 문제가 없을 거예요.

Biz 공감 문장을 찾아라

다음 상황 해결사 문장들 중 내가 스피킹하고 싶은 공감 문장에 체크하고, 주어진 단어를 활용해 영어로 말해 보세요.

☑ 1 잠깐만요.　　　　　　　　　　　　moment

☐ 2 잠깐만 기다려 주실래요?　　　　　　hold

☐ 3 담당자께 전화 돌려드릴게요.　　　　put you through

☐ 4 잠깐만요, 영어 잘하는 분을 바꿔 드릴게요.　someone who speaks English

☐ 5 저희 국제협력부로 전화해 보시겠어요?　our International Cooperation Division

☐ 6 지금 전화 중이신데 10분 후 다시 전화주시겠어요?　on the phone

☐ 7 전화를 잘못 거신 것 같은데요.　　　wrong number

☐ 8 네, 무엇을 도와드리면 될까요?　　　help

문장이 잘 안 만들어진다면 어떻게 말하면 되는지 지금부터 알아볼까요?

청크로 스피킹을 확장하라

문장을 영어 어순에 따라 조금씩 확장하며 말해 보세요.

1 잠깐만요.

One moment, please.

잠깐만요.

아주 간단한 표현이지만 당황하면 바로 튀어나오지 않을 수 있으므로 충분히 연습을 해둡시다.

2 잠깐만 기다려 주실래요?

Could you please hold?

잠깐만 기다려 주실래요?

앞의 '잠깐만요'처럼 간단한 표현인데도 미리 연습해 놓지 않으면 당황하여 머뭇거릴 수 있습니다. 여유있게 대응할 수 있도록 충분히 연습을 해보세요.

3 담당자께 전화 돌려드릴게요.

I'll put you through / to the person in charge.

전화 돌려드릴게요 담당자에게로

상대방이 어떤 용건으로 전화했는지를 알겠고 그 용건을 처리할 담당자에게 연결을 해줄 때 항상 쓰이는 문장이지요.
전화를 돌려주다 put ~ through
담당자 the person in charge

4 잠깐만요, 영어 잘하는 분을 바꿔 드릴게요.

Just a moment, / let me get someone /

잠깐만요 어떤 사람을 바꿔 드릴게요

who speaks English well.

영어를 잘하는

전화에서 영어가 들려올 때 무슨 말인지 전혀 모르겠거나, 무슨 말인지 감은 잡히는데 영어 스피킹이 어려울 때 최선의 해결책 중 하나는 영어 잘하는 사람에게 전화를 바꿔 주는 것이겠죠.

■ 5 저희 국제협력부로 전화해 보시겠어요?

Could you try / our International Cooperation
시도해 보실래요   우리 국제협력부로
Division?

담당자가 아니라 다른 부서로 연락해 보라고 할 때는 동사 try를 써서 표현할 수 있습니다.
국제협력부서 International Cooperation Division

■ 6 지금 전화 중이신데 10분 후 다시 전화주시겠어요?

He is on the phone right now, / so can you
그는 지금 통화중입니다.
call back in ten minutes?
그래서 10분 후에 다시 걸어주시겠어요?

통화 중이다 be on the phone
다시 전화를 걸다 call back

■ 7 전화를 잘못 거신 것 같은데요.

I think / you may have called the wrong
~ 같네요   당신이 잘못된 번호로 전화를 건
number.

해외 관련 업무가 많은 회사나 조직은 외국인의 전화가 빈번합니다. 혹 연락처를 잘못 알았거나 실수로 다른 전화번호를 건 상대방에게 '전화 잘못 걸었다'는 표현 한마디는 꼭 할 수 있게 알아두세요.

■ 8 네, 무엇을 도와드리면 될까요?

OK, / how can I help you?
네,   어떻게 도와드릴까요

용건을 물어볼 때 가장 대표적으로 활용할 수 있는 문장입니다.

낭독 훈련으로 문장을 체화하라

이번에는 문장을 처음부터 끝까지 죽 이어서 듣고 강세와 청크에 유의하며 따라서 말해 보세요. (천천히 5회, 빨리 5회)

Coaching

1 잠깐만요.

One moment, please.

2 잠깐만 기다려 주실래요?

Could you please **hold**?

3 담당자께 전화 돌려드릴게요.

I'll **put** you through / to the **person** in **charge**.

put you는 연음되어 [푸츄]같이 발음되고요, person in도 [펄스닌]처럼 연음됩니다. through의 [θ] 발음과 charge의 [tʃ]와 [dʒ] 발음에 주의하세요.

4 잠깐만요, 영어 잘하는 분을 바꿔 드릴게요.

Just a **moment**, / let me get **someone** / who speaks **English well**.

Just a 부분이 연음되고요, 쉼표 뒤에서 끊어 읽기를 해줍니다. get의 [t]는 뒤 단어의 첫 자음과 부딪혀 거의 사라지게 되고, speaks의 3인칭 단수 현재형 어미 '-s' 발음을 빼먹지 마세요.

🎧 21-02

Coaching

■ 5 저희 국제협력부로 전화해 보시겠어요?

Could you try / our International Cooperation **Division**?

■ 6 지금 전화 중이신데 10분 후 다시 전화주시겠어요?

He is on the **phone** right **now**, / so can you **call** back in **ten** minutes?

두 절을 구분하는 쉼표 사이에서 잠시 끊어 읽기를 해주세요. can you는 [캐뉴]처럼 연음 현상이 일어납니다. minutes에서 명사의 복수형 어미 '-s' 발음을 기억하세요.

■ 7 전화를 잘못 거신 것 같은데요.

I think / you may have **called** the **wrong** number.

may have가 연음되어 빨리 발음되면 have의 [h]가 탈락될 수 있습니다. called the는 비슷한 발음(d, ð)이 겹쳐 [d]가 탈락돼 [콜더]로 발음됩니다. think의 [θ] 발음과 wrong의 [r] 발음에 주의하세요.

■ 8 네, 무엇을 도와드리면 될까요?

OK, / **how** can I **help** you?

21 갑자기 영어로 걸려온 전화를 받았을 때 155

해결사 문장들을 실제 비즈니스 대화에서 활용해 봅시다. 우리말 부분을 1초 내로 말할 수 있는지 확인해 보세요.

 Talk 1

A: I have some questions about your new product line.

B: OK, 담당자께 전화 돌려드릴게요.

A: Thank you.

B: Please hold while I connect you.

product line 제품 라인 / hold 잡다, 기다리다 / connect 연결하다

 Talk 2

A: I was hoping to speak to Mr. Seo, please?

B: 지금 전화 중이신데 10분 후 다시 전화주시겠어요?

A: OK then, could you just tell him that Harry called and to give me a call later?

hope to ~하기를 기대하다 / give ~ a call ~에게 전화하다 / later 나중에

Talk 1
A: 거기 새 제품 라인에 대해 문의사항이 좀 있는데요.
B: 네, **I'll put you through to the person in charge.**
A: 감사합니다.
B: 연결시켜 드리는 동안 잠깐 기다려 주세요.

Talk 2
A: 미스터 서와 통화를 하고 싶은데요?
B: **He is on the phone right now, so can you call back in ten minutes?**
A: 네, 그럼, 그냥 해리가 전화했더라고 해주시고 나중에 전화 좀 주라고 전해 주시겠어요?

상황 22

상대방 메시지를 받아 둘 때

담당 업무가 영어를 많이 필요로 하는 경우가 아니더라도 그런 업무 담당자가 자리를 비워 메시지를 받아 둘 때가 있습니다. 오늘 표현들을 잘 익혀 두면 당황하지 않고 메시지 정도는 충분히 받아 줄 수 있을 것입니다.

Biz 공감 문장을 찾아라

다음 상황 해결사 문장들 중 내가 스피킹하고 싶은 공감 문장에 체크하고, 주어진 단어를 활용해 영어로 말해 보세요.

✓ 1 메시지 남기시겠어요? leave

2 잠깐만요, 펜 좀 집을게요. get a pen

3 메시지 말씀하실 때 천천히 말씀해 주실래요? speak slowly

4 죄송합니다만, 마지막 말씀이 뭐였죠? the last part

5 메시지 확인 좀 드릴게요. repeat that back

6 미스터 김이 선생님 연락처를 알고 있는지요? have

7 더 덧붙일 말씀 있으세요? anything else

8 메시지 잘 전달해 드리겠습니다. pass on

문장이 잘 안 만들어진다면 어떻게 말하면 되는지 지금부터 알아볼까요?

청크로 스피킹을 확장하라

문장을 영어 어순에 따라 조금씩 확장하며 말해 보세요.

1 메시지 남기시겠어요?

Would you like / to leave a message?

~을 원하시나요   메시지 남기는 것을

> 메시지를 남기겠냐고 물을 때 쓰는 가장 일반적인 표현입니다.
> 메시지를 남기다 leave a message

2 잠깐만요, 펜 좀 집을게요.

Just a second, / I need to get a pen.

잠깐만요,   펜이 좀 필요합니다

> 메시지를 받아 적기 위해 펜이 필요한데 잠깐 기다려 달라는 표현으로 활용할 수 있는 문장입니다. 전화 대화 이외의 상황에서도 쓸 수 있는 표현이니 잘 익혀 두세요.

3 메시지 말씀하실 때 천천히 말씀해 주실래요?

Could you speak slowly / when you tell me your message?

천천히 말해 줄래요   제게 메시지를 말할 때

> 전화 상대방이 영어를 쏟아낼 때 쩔쩔매지 말고 이 말을 해주거나 메시지를 받아 적기 전에 미리 말해 주면 더 수월한 전화 통화가 되겠죠.
> 천천히 말하다 speak slowly

4 죄송합니다만, 마지막 말씀이 뭐였죠?

I'm sorry, / what was the last part again?

죄송합니다만   마지막 부분이 다시 뭐였죠

> 메시지를 받아 적다 마지막 부분을 놓쳤거나 잘 못 알아들었을 때 필요한 문장인데, 회의나 대화에서도 유용하게 활용할 수 있는 표현입니다.
> 마지막 말[부분] the last part

■ 5 메시지 확인 좀 드릴게요.

Let me repeat that back / to you.

그걸 반복해 볼게요　　　　　당신에게

메시지를 받아 적고서 그걸 확인할 때 쓸 수 있는 표현입니다. I'll보다 「Let me+동사원형」 구문을 활용하면 더 좋습니다.
~을 반복하다 repeat ~ back

■ 6 미스터 김이 선생님 연락처를 알고 있는지요?

Does Mr. Kim have your number?

미스터 김이 당신의 전화번호를 가지고 있나요

'연락처'는 간단히 number라고 표현할 수 있습니다.
연락처를 알고 있다 have one's number

■ 7 더 덧붙일 말씀 있으세요?

Is there anything else / you want to add?

더 뭔가가 있나요　　　　　덧붙이기를 원하는

메시지를 받아 적고 나서 할 말이 더 있는지 확인하면서 마무리할 수 있겠지요. '또 다른 뭔가가 있으세요?'는 「Is there anything else ~?」 구문을 활용하면 됩니다.

■ 8 메시지 잘 전달해 드리겠습니다.

I'll make sure / to pass on your message.

확실히 하겠습니다　　　당신의 메시지를 전달하는 것을

메시지를 받아 적고 나서 잘 전달해 주겠다고 한마디 해주는 것이 자연스런 전화 대화의 순서인데, 그때 써먹을 수 있는 표현입니다.
메시지를 전달하다 pass on one's message

낭독 훈련으로 문장을 체화하라

이번에는 문장을 처음부터 끝까지 죽 이어서 듣고 강세와 청크에 유의하며 따라서 말해 보세요. (천천히 5회, 빨리 5회)

1 메시지 남기시겠어요?

Would you like / to leave a **message**?

Coaching

Would you는 연음되어 [우쥬]처럼 발음되고요, leave a 부분도 [리버]로 연음됩니다. leave의 [v] 발음에 주의하고요, message는 발음 기호가 [mésidʒ]로 강세가 앞에 오며, 끝의 [dʒ] 발음에 주의하도록 합니다.

2 잠깐만요, 펜 좀 집을게요.

Just a **second**, / I need to **get** a **pen**.

3 메시지 말씀하실 때 천천히 말씀해 주실래요?

Could you speak **slowly** / when you tell me your **message**?

4 죄송합니다만, 마지막 말씀이 뭐였죠?

I'm **sorry**, / **what** was the **last** part **again**?

쉼표에서 잠시 끊어 읽기를 해주세요. 의문사가 있는 의문문이지만 억양은 문장 끝에서 올라갑니다. last part 부분의 last에서 [t]는 뒤 단어 첫 자음과 부딪혀 거의 사라지고요, part again은 연음되어 [파러겐]같이 발음됩니다.

훈련 횟수 및 암송 확인 체크

Coaching

■ 5 메시지 확인 좀 드릴게요.

Let me repeat that back / to you.

repeat that 부분에서 [t]가 뒤에 오는 자음 [ð]의 영향을 받아 탈락하게 됩니다. repeat의 [r] 발음에 주의하세요.

■ 6 미스터 김이 선생님 연락처를 알고 있는지요?

Does Mr. Kim have your number?

■ 7 더 덧붙일 말씀 있으세요?

Is there anything else / you want to add?

주절과 수식어절이 나뉘는 else와 you 사이에서 잠시 끊어 읽기를 합니다. want to에서는 [t]가 겹쳐 하나가 탈락합니다.

■ 8 메시지 잘 전달해드리겠습니다.

I'll make sure / to pass on your message.

성공 비즈니스톡에 도전하라

해결사 문장들을 실제 비즈니스 대화에서 활용해 봅시다. 우리말 부분을 1초 내로 말할 수 있는지 확인해 보세요.

🔊 22-03

📢 Talk 1

A: Please let Mr. Nam know that we will meet at 3 p.m. and the place has changed to Mr. Donovan's office.

B: 죄송합니다만, 마지막 말씀이 뭐였죠?

A: We are changing the meeting place to Mr. Donovan's office.

B: OK. Changing to Mr. Donovan's office at 3 p.m. I got it.

meeting place 회의(미팅) 장소 / I got it. 알겠습니다.

📢 Talk 2

A: I need to move our meeting to Thursday at 11 a.m.

B: 메시지 확인 좀 드릴게요.
　You want to reschedule the meeting for Thursday at 11 a.m.

A: Yes, that's correct.

reschedule 스케줄을 변경하다 / correct 정확한

Talk 1
A: 미스터 남에게 약속이 3시이고 장소가 도노반 씨 사무실로 변경됐다고 전해 주세요.
B: **I'm sorry, what was the last part again?**
A: 미팅 장소가 도노반 씨 사무실로 바뀌었다고요.
B: 네, 3시에 도노반 씨 사무실로 변경. 알겠습니다.

Talk 2
A: 저희 미팅을 목요일 오전 11시로 좀 옮겨야 하는데요.
B: **Let me repeat that back to you.**
　미팅을 목요일 오전 11시로 변경하고 싶다는 말씀이죠.
A: 네, 맞아요.

상황 23 찾는 사람 부재 시 메시지를 남길 때

전화 상대방에게 메시지를 전달하거나 전달해 달라고 지시나 부탁해야 하는 경우가 있습니다. 그걸 영어로 어떻게 하는지 잘 모르면 우물쭈물 주저하게 되는데요, 오늘 연습하는 표현 정도면 충분히 메시지를 남길 수 있을 거예요.

Biz 공감 문장을 찾아라

다음 상황 해결사 문장들 중 내가 스피킹하고 싶은 공감 문장에 체크하고, 주어진 단어를 활용해 영어로 말해 보세요.

☑ 1 상황될 때 바로 저희 상사님께 전화 부탁드린다고 전해 주세요.　　ask him to call

☐ 2 김 이사님이 외출 중이셔서 휴대폰으로 연락 가능하다십니다.　　can be reached

☐ 3 일이 생겨서 저희 사장님께서 오찬 모임에 참석 못하시게 됐습니다.　　can't make it

☐ 4 회의가 취소됐다고 그분께 전해 주시겠어요?　　has been cancelled

☐ 5 인천 공항에 그분 도착하시는 시간을 좀 확인해야 하는데요.　　confirm his arrival time

☐ 6 내일까지 이메일로 파일 전송해 드린다고 전해 주시겠어요?　　email the file

☐ 7 택배는 잘 받았고, 감사하다고 전해 주세요.　　say thanks

☐ 8 저희가 좀 늦겠다고 전해 주세요.　　running late

문장이 잘 안 만들어진다면 어떻게 말하면 되는지 지금부터 알아볼까요?

청크로 스피킹을 확장하라

문장을 영어 어순에 따라 조금씩 확장하며 말해 보세요.

1 상황될 때 바로 저희 상사님께 전화 부탁드린다고 전해 주세요.

Please ask him to call my boss / as soon as

그분께 제 상사에게 전화해 달라고 요청해 주세요   상황될 때 바로

he gets a chance.

'~에게 …을 요청해 주세요'는 「Please ask (someone) to+동사원형」 구문을 활용할 수 있습니다. '상황이 되면 바로'는 「as soon as+주어+get a chance」 구문을 써서 표현하세요.

2 김 이사님이 외출 중이셔서 휴대폰으로 연락 가능하다십니다.

Director Kim is out of the office, / so he can

김 이사님이 외출 중입니다.   그래서 그분께

be reached / on his cellphone.

연락될 수 있습니다   그의 휴대폰으로

사무실에서 나가 외출 중이다 be out of the office
~로 연락되다 be reached on

3 일이 생겨서 저희 사장님께서 오찬 모임에 참석 못하시게 됐습니다.

Our president can't make it / to the luncheon

우리 사장님이 못 가십니다   오찬 모임에

/ because something came up.

갑자기 일이 발생했기 때문에

우리말로 구체적인 이유를 말하지 않고 그냥 '일이 좀 생겨서'는 something came up을 씁니다.
~에 참석 못하다 make it to

4 회의가 취소됐다고 그분께 전해 주시겠어요?

Can you tell him / that the meeting has been

그에게 말해 줄래요   회의가 취소됐다는 것을

cancelled?

'~라고 전해 줄래요?'는 「Can you tell (someone) that S+V?」 구문을 활용할 수 있습니다.
취소되다 be cancelled

 23-01

■ **5** 인천 공항에 그분 도착하시는 시간을 좀 확인해야 하는데요.

I need to confirm his arrival time / at Incheon
그분 도착 시간을 확인해야 합니다   인천 공항에
Airport.

~해야 하다 need to+동사원형
확인하다 confirm
도착 시간 arrival time

■ **6** 내일까지 이메일로 파일 전송해 드린다고 전해 주시겠어요?

Would you let her know / that I'll email the files
그녀에게 알려 주실래요   제가 파일을 이메일로 드리겠다고
/ by tomorrow?
　　　내일까지

'~에게 …을 알려 주실래요?'에 쓸 수 있는 구문으로 「Would you let (someone) know that …?」이 있습니다. email은 동사로도 쓰이는데, '파일을 이메일로 보내다'로 email a file을 쓰면 됩니다.

■ **7** 택배는 잘 받았고, 감사하다고 전해 주세요.

We received the package / and would like to
우리는 택배를 받았습니다   감사하다고 말하고 싶습니다
say thanks.

메시지를 남길 때 '감사하다고 전해 주세요'란 표현을 자주 쓰는데요, 그때 say thanks를 쓰면 됩니다. say thanks to (someone) / say thanks for (something = 감사의 대상)

■ **8** 저희가 좀 늦겠다고 전해 주세요.

Please let him know / we're running late.
그분에게 알려 주세요   우리가 늦는다는 것을

'~라고 전해 주세요.'는 「Please let (someone) know (that) S+V」 구문을 써도 좋습니다. 현재 진행형으로 가까운 미래를 표현할 수 있다는 것도 참고로 알아두세요. 늦어지다, 길어지다 run late

낭독 훈련으로 문장을 체화하라

이번에는 문장을 처음부터 끝까지 죽 이어서 듣고 강세와 청크에 유의하며 따라서 말해 보세요. (천천히 5회, 빨리 5회)

Coaching

1 상황될 때 바로 저희 상사님께 전화 부탁드린다고 전해 주세요.

Please **ask** him to call my **boss** / as soon as he gets a **chance**.

ask him 부분이 빠르게 연음되면 him의 [h]가 거의 사라져 [애스킴]처럼 발음됩니다. as soon에서도 탈락이 일어나 as의 [z]가 탈락하고요, gets a 부분도 연음되어 [게처]같이 발음됩니다.

2 김 이사님이 외출 중이셔서 휴대폰으로 연락 가능하다십니다.

Director **Kim** is out of the **office**, / so he can be **reached** / on his **cellphone**.

3 일이 생겨서 저희 사장님께서 오찬 모임에 참석 못하시게 됐습니다.

Our **president can't** make it / to the **luncheon** / because **something** came **up**.

4 회의가 취소됐다고 그분께 전해 주시겠어요?

Can you tell **him** / that the **meeting** has been **cancelled**?

Can you 부분이 연음되어 [캐뉴]처럼 발음됩니다. cancelled의 과거형 어미 '-ed' 발음도 잊지 마세요.

5 인천 공항에 그분 도착하시는 시간을 좀 확인해야 하는데요.

I need to confirm his arrival time / at Incheon Airport.

Coaching

need to 부분이 연음될 때 [d]와 [t]가 부딪혀 [d]가 거의 사라집니다. confirm의 [f] 발음, arrival의 [v] 발음에 주의하세요.

6 내일까지 이메일로 파일 전송해 드린다고 전해 주시겠어요?

Would you let her know / that I'll email the files / by tomorrow?

Would you 부분이 연음되어 [우쥬]같이 발음되고요, let her도 연음되면 [t]가 약화되고 [h]가 거의 사라져 [레러]처럼 발음됩니다. I'll은 I will이 축약된 것으로 빨리 읽으면 [알]로 발음됩니다.

7 택배는 잘 받았고요, 감사하다고 전해 주세요.

We received the package / and would like to say thanks.

8 저희가 좀 늦겠다고 전해 주세요.

Please let him know / we're running late.

성공 비즈니스톡에 도전하라

해결사 문장들을 실제 비즈니스 대화에서 활용해 봅시다. 우리말 부분을 1초 내로 말할 수 있는지 확인해 보세요.

🎧 23-03

📢 Talk 1

A: Mr. Baker has gone for the day. Is there anything you need?

B: 인천 공항에 그분 도착하시는 시간을 좀 확인해야 하는데요.

A: Mr. Baker will be arriving at 5 p.m. this Sunday.

B: OK, could you tell him that Mr. Wilson and I will greet him at the airport?

go for the day 퇴근하다 / greet 맞이하다, 환영하다

📢 Talk 2

A: Daniel's away from his desk at the moment. Do you need to tell him something, Ms Yu?

B: 저희가 좀 늦겠다고 전해 주세요. That's it.

A: OK, I'll be sure to let him know.

B: Thank you. See you soon.

be away 부재중이다 / at the moment (바로) 지금

Talk 1
A: 베이커 씨는 오늘 퇴근하셨는데요. 뭐 필요한 것 있으세요?
B: **I need to confirm his arrival time at Incheon Airport.**
A: 베이커 씨는 이번 주 일요일 오후 5시에 도착하실 겁니다.
B: 네, 윌슨 씨와 제가 공항에서 베이커 씨를 맞이할 거라고 전해 주시겠어요?

Talk 2
A: 다니엘이 지금 밖에 나갔는데요. 뭐 전할 말씀 있으세요, 미스 유?
B: **Please let him know we're running late.** 이상입니다.
A: 알겠습니다. 그렇게 전해 드릴게요.
B: 감사합니다. 좀 있다 뵙겠습니다.

상황 24 상대방에게 음성 메시지를 남길 때

상대방과 통화가 잘 되지 않을 때 오해를 남기지 않고 빠르게 의사전달을 할 수 있는 건 음성 메시지죠. 오늘은 음성 메시지를 남겨야 할 때 활용할 수 있는 표현을 연습해 봅시다. 이 표현들은 문자 메시지에 그대로 활용해도 됩니다.

Biz 공감 문장을 찾아라

다음 상황 해결사 문장들 중 내가 스피킹하고 싶은 공감 문장에 체크하고, 주어진 단어를 활용해 영어로 말해 보세요.

☑ **1** 오늘 오후에 다시 연락드리겠습니다.   get in touch

☐ **2** 메시지 확인하시면 바로 연락 부탁드립니다.   as soon as

☐ **3** 저희 직원이 나중에 더 자세한 정보로 전화 드리도록 하겠습니다.   more detailed information

☐ **4** 저희가 하루 종일 들락날락할 거라서요. 제 휴대폰이나 미스 김 휴대폰으로 연락주세요.   in and out all day

☐ **5** 전화해서 제가 안 받으면 제 사무실로 연락해 메시지 남겨 주세요.   call my office

☐ **6** 아침나절에 계속 회의가 있어서 점심 후에 연락 주십시오.   for the rest of the morning

☐ **7** 급하게 의논할 일이 있는데, 빨리 연락 주실 수 있으신지요?   an urgent matter to discuss

☐ **8** 시차 때문에 제게 연락하시기 제일 좋은 시간은 한국 시간으로 밤 11시입니다.   the best time to reach me

문장이 잘 안 만들어진다면 어떻게 말하면 되는지 지금부터 알아볼까요?

청크로 스피킹을 확장하라

문장을 영어 어순에 따라 조금씩 확장하며 말해 보세요.

1 오늘 오후에 다시 연락드리겠습니다.

I'll try to get in touch with you again / this
다시 연락을 드리겠습니다   오늘 오후에

afternoon.

~하는 것을 시도하다 try to+동사원형
~와 연락하다 get in touch with

2 메시지 확인하시면 바로 연락 부탁드립니다.

As soon as you get this message, / please
이 메시지를 확인하자마자   연락 좀

call me back.
부탁드립니다

'~하자마자 바로'는 「as soon as S+V」 구문을 활용하면 됩니다.
메시지를 확인하다 get a message
~에게 연락하다 call (someone) back

3 저희 직원이 나중에 더 자세한 정보로 전화 드리도록 하겠습니다.

I'll have my colleague call later / with more
저희 직원이 나중에 전화하도록 하겠습니다   더 자세한 정보와 함께

detailed information.

메시지를 남길 때 길고 자세한 얘기를 할 수는 없겠죠. '동료직원에게 나중에 전화 드리도록 하겠다'는 사역동사 have를 써서 「have (someone)+동사원형」 구문을 쓰세요.

4 저희가 하루 종일 들락날락할 거라서요, 제 휴대폰이나 미스 김 휴대폰으로 연락주세요.

We'll be in and out all day, / so please try my
우리는 하루 종일 들락날락할 것입니다   그래서 제 휴대폰이나 미스 김

cellphone or Ms Kim's.
휴대폰으로 연락주세요

하루 종일 들락날락하다 be in and out all day
~의 휴대폰으로 연락하다 try one's cellphone

🎧 24-01

■ 5 전화해서 제가 안 받으면 제 사무실로 연락해 메시지 남겨 주세요.

If I don't answer when you call back, / call my
　전화해서 제가 받지 않으면　　　　　　　　　　제 사무실에

office and leave a message.
　전화해서 메시지 남겨 주세요

전화를 받아야 하는 본인 상황이 유동적인 경우가 있죠. 그럴 때 유용하게 쓸 수 있습니다.

■ 6 아침나절에 계속 회의가 있어서 점심 후에 연락 주십시오.

I'll be in a meeting / for the rest of the morning
　나는 회의 중일 것입니다　　　　아침나절 동안

/ – call me after lunch.
　　점심 후에 전화 주세요

언제 이후로 연락을 달라고 부탁하는 메시지를 남길 때 call me after ~ 표현을 쓰면 됩니다. 지금부터 나머지 어떤 시간/일 등은 「for the rest of ~」로 표현하세요.

■ 7 급하게 의논할 일이 있는데, 빨리 연락 주실 수 있으신지요?

There's an urgent matter to discuss, / so can
　의논할 급한 일이 있습니다　　　　　　　　그래서 전화를

you give us a quick call?
　빨리 줄 수 있나요

'~할 급한 일'은 「an urgent matter to+동사원형」 구문을 쓰면 좋아요.
빨리 연락을 주다 give (someone) a quick call

■ 8 시차 때문에 제게 연락하시기 제일 좋은 시간은 한국 시간으로 밤 11시입니다.

Due to the time difference, / the best time to
　시차로 인하여　　　　　　　　　　제게 연락할 가장 좋은 때는

reach me / is at 11 p.m. Korea Time.
　　　　　한국 시간으로 밤 11시입니다

국제 통화일 때는 시차를 고려해야 하죠. 그때 사용하기 좋은 표현입니다.
~ 때문에 due to
시차 the time difference

낭독 훈련으로 문장을 체화하라

이번에는 문장을 처음부터 끝까지 죽 이어서 듣고 강세와 청크에 유의하며 따라서 말해 보세요. (천천히 5회, 빨리 5회)

Coaching

1 오늘 오후에 다시 연락드리겠습니다.

I'll try to get in **touch** with you **again** / this **afternoon**.

2 메시지 확인하시면 바로 연락 부탁드립니다.

As **soon** as you get this **message**, / please call me **back**.

As soon as 구문의 쉼표 뒤에서 잠시 끊어 읽기를 해주고요. As soon as는 연음되어 [애수내즈]같이 발음됩니다. get this 부분에서는 get의 [t]가 뒤 자음 [ð]와 부딪혀 거의 사라집니다. message의 발음에 주의하세요.

3 저희 직원이 나중에 더 자세한 정보로 전화 드리도록 하겠습니다.

I'll have my **colleague** call **later** / with more **detailed information**.

4 저희가 하루 종일 들락날락할 거라서요, 제 휴대폰이나 미스 김 휴대폰으로 연락주세요.

We'll be in and out **all** day, / so please try my **cellphone** or Ms **Kim's**.

절이 나뉘는 쉼표 사이에서 끊어 읽기를 해주고요. in and out은 연음되어 [이내나웃]처럼 발음됩니다. phone의 [f] 발음에 주의하세요.

훈련 횟수 및 암송 확인 체크

🎧 24-02

5 전화해서 제가 안 받으면 제 사무실로 연락해 메시지 남겨 주세요.

If I don't answer when you call back, / call my office and leave a message.

Coaching

don't answer에서 [t]는 거의 사라져 [도우낸써]로 연음됩니다. when you에서도 연음이 일어나 [웨뉴]처럼 발음돼죠. if 구문 끝 쉼표 뒤에서 잠시 끊어 읽습니다.

6 아침나절에 계속 회의가 있어서 점심 후에 연락 주십시오.

I'll be in a meeting / for the rest of the morning / — call me after lunch.

7 급하게 의논드릴 일이 있는데, 빨리 연락 주실 수 있으신지요?

There's an urgent matter to discuss, / so can you give us a quick call?

There's an은 연음되어 [데얼즌]처럼 발음되고, give us a 부분도 연음되어 [기버써]로 발음됩니다. urgent matter에서 urgent의 [t]가 뒤 자음과 부딪혀 거의 사라지고, matter의 [t]는 [r]로 약화됩니다. 절 중간의 쉼표에서 끊어 읽기를 해줍니다.

8 시차 때문에 제게 연락하시기 제일 좋은 시간은 한국 시간으로 밤 11시입니다.

Due to the time difference, / the best time to reach me / is at 11 p.m. Korea Time.

성공 비즈니스톡에 도전하라

해결사 문장들을 실제 비즈니스 대화에서 활용해 봅시다. 우리말 부분을 1초 내로 말할 수 있는지 확인해 보세요.

📢 Talk 1

A: You've reached David Nelson.
Please leave a message after the beep.

B: Hi, David. This is Chan-mi.
Something came up and I need to reschedule our meeting next week.

> 오늘 오후에 다시 연락드리겠습니다.

reach 다다르다, (전화로) 연락하다 / come up 생기다, 발생하다 / reschedule 일정을 변경하다

📢 Talk 2

A: Please leave a message after the tone.

B: This is Kwang-Su Park from Soho Bizmall.

> 급하게 의논드릴 일이 있는데, 빨리 연락 주실 수 있으신지요?

It seems that we have a technical problem with your web site.

tone 발신음, 말투 / it seems that ~인 것 같다 / technical 기술적인

Talk 1
A: 데이비드 넬슨입니다.
'삐—' 소리 후에 메시지를 남겨 주세요.
B: 안녕하세요, 데이비드. 찬미입니다.
일이 좀 생겨서 다음 주 저희 미팅 시간을 변경해야겠어요.
I'll try to get in touch with you again this afternoon.

Talk 2
A: '삐—' 소리 후에 메시지를 남겨 주세요.
B: 소호 비즈몰의 박광수입니다.
There's an urgent matter to discuss, so can you give us a quick call?
귀사 웹사이트에 기술적인 문제가 있는 것 같습니다.

상황 25 상사의 메시지 전달이나 약속을 신청할 때

회사 업무에는 직장 상사를 대신하여 메시지 전달이나 업무 처리를 진행해 나가는 것도 포함됩니다. 오늘은 그런 상황에 활용할 수 있는 표현들을 연습해 보세요. 특히 패턴을 잘 봐두면 여러 가지 상황에 적용하여 활용할 수 있을 것입니다.

Biz 공감 문장을 찾아라

다음 상황 해결사 문장들 중 내가 스피킹하고 싶은 공감 문장에 체크하고, 주어진 단어를 활용해 영어로 말해 보세요.

✅ 1 어떻게 하면 그쪽 부서장님께 연락을 드릴 수 있는지요? — reach

☐ 2 저희 상사님과 말씀 나누실 수 있도록 그쪽 매니저님께 잠깐 양해를 구할 수 있을까요? — interrupt your manager

☐ 3 저희 박 이사님이 회의에 참석 못하심을 알려 드리려고 전화 드리는데요. — to inform you

☐ 4 저희 상사님이 전시장 위치 확인을 부탁하셔서 다시 연락드립니다. — to call back to confirm

☐ 5 약속을 정하기 위해 저희 상사님을 대신해서 연락을 드립니다. — on behalf of my boss

☐ 6 저희 매니저님이 다음 주 전화회의를 신청하고 싶어 하시는데요. — to set up a conference call

☐ 7 내일 저희 부사장님과 인터뷰를 보실 수 있는지요? — be available

☐ 8 조사 결과 리뷰를 언제 할 수 있을까요? — review

문장이 잘 안 만들어진다면 어떻게 말하면 되는지 지금부터 알아볼까요?

청크로 스피킹을 확장하라

문장을 영어 어순에 따라 조금씩 확장하며 말해 보세요.

1 어떻게 하면 그쪽 부서장님께 연락을 드릴 수 있는지요?

How can I / reach your department head?

어떻게 ~할 수 있나요   당신 부서장님에게 연락하는

~와 연락하다 reach someone
부서장 department head

2 저희 상사님과 말씀 나누실 수 있도록 그쪽 매니저님께 잠깐 양해를 구할 수 있을까요?

Would it be possible / to interrupt your

가능한가요   그쪽 매니저를 방해하는 게

manager / so he can speak with my boss?

우리 상사님과 얘기를 할 수 있도록

'~가 가능할까요?'는 「Would it be possible to부정사 ~?」 구문을 활용하세요. 잠깐 끼어들어 양해를 구하는 것은 동사 interrupt를 쓰면 됩니다.

3 저희 박 이사님이 회의에 참석 못하심을 알려 드리려고 전화 드리는데요.

I'm calling to inform you / that Director Park

당신께 알려 주려고 전화해요   박 이사님이 회의에 참석 못하는 것을

can't make it to the meeting.

'~을 알려 드리려 전화 드립니다'는 「I'm calling to inform you that S+V」 구문을 활용하세요. ~에 참석 못하다 can't make it to

4 저희 상사님이 전시장 위치 확인을 부탁하셔서 다시 연락드립니다.

My boss asked me to call back / to confirm

제 상사가 제게 전화를 다시 하라고 했습니다   전시장의 위치를 확인

the location of the exhibition.

하기 위해

'누가 나에게 요청해서 연락했다'는 「S asked me to call back ~」 패턴을 활용하면 됩니다.

25-01

■ 5 약속을 정하기 위해 저희 상사님을 대신해서 연락을 드립니다.

I'm making this call / on behalf of my boss /
이 전화를 합니다   저희 상사님을 대신하여

to schedule an appointment.
약속을 정하기 위해

'~를 대신해서 이 전화를 드립니다'
를 표현할 때는 「I'm making this call on behalf of (someone) ~」구문을 주로 많이 씁니다.

■ 6 저희 매니저님이 다음 주 전화회의를 신청하고 싶어 하시는데요.

My manager would like / to set up a conference
제 매니저가 ~을 원합니다   전화회의 잡기를

call / for next week.
다음 주로

~하고 싶어 하다 would like to+
동사원형
회의를 정하다 set up a meeting

■ 7 내일 저희 부사장님과 인터뷰를 보실 수 있는지요?

Will you be available for an interview /
인터뷰를 볼 수 있는지요

with our vice president tomorrow?
내일 우리 부사장님과

~가 가능한, ~할 시간이 되는
available for
~와의 인터뷰 an interview with

■ 8 조사 결과 리뷰를 언제 할 수 있을까요?

When can we / review the research results?
언제 ~할 수 있나요   조사 결과 리뷰를 하는

상사의 요청으로 무엇이 언제 가능한지 알아볼 때가 있는데요. '~하는 것이 언제 가능하냐'는 「When can we ~?」구문을 쓰면 됩니다.

낭독 훈련으로 문장을 체화하라

이번에는 문장을 처음부터 끝까지 죽 이어서 듣고 강세와 청크에 유의하며 따라서 말해 보세요. (천천히 5회, 빨리 5회)

Coaching

■ 1 어떻게 하면 그쪽 부서장님께 연락을 드릴 수 있는지요?

How can I / reach your department head?

■ 2 저희 상사님과 말씀 나누실 수 있도록 그쪽 매니저님께 잠깐 양해를 구할 수 있을까요?

Would it be possible / to interrupt your manager, / so he can speak with my boss?

Would it be 부분에서 would의 [d]가 [r]로 약화되고 it의 [t]는 뒤의 자음과 부딪혀 거의 사라져서 [우리비]같이 발음됩니다. interrupt your 부분도 연음되며, 쉼표 사이에 끊어 읽기를 해주세요.

■ 3 저희 박 이사님이 회의에 참석 못하심을 알려 드리려고 전화 드리는데요.

I'm calling to inform you / that Director Park can't make it to the meeting.

can't make it to 부분에서 can't의 [t]는 뒤 단어의 첫 자음과 부딪혀 약화되고 make it은 [메이킷]처럼 발음이 됩니다. it to에서는 [t] 하나가 탈락해 [캔메이키터]가 됩니다.

■ 4 저희 상사님이 전시장 위치 확인을 부탁하셔서 다시 연락드립니다.

My boss asked me to call back / to confirm the location of the exhibition.

178 PART **3** Telephoning

🎧 25-02

Coaching

■ 5 약속을 정하기 위해 저희 상사님을 대신해서 연락을 드립니다.

I'm making this call / **on behalf of my boss** / to **schedule** an **appointment**.

■ 6 저희 매니저님이 다음 주 전화회의를 신청하고 싶어 하시는데요.

My manager would like / to set up a **conference** call / for **next** week.

set up a 부분은 연음되어 [쎄러삐]처럼 발음됩니다. next week에서 [t]는 뒤 단어의 자음과 부딪혀 거의 소리가 사라지게 됩니다.

■ 7 내일 저희 부사장님과 인터뷰를 보실 수 있으신지요?

Will you be **available** for an **interview** / with our **vice** president **tomorrow**?

for an interview 부분이 연음되어 빠르게 발음되면 [포-런인너뷰]처럼 됩니다. 의문사가 없는 일반의문문으로 문장 끝의 억양이 올라갑니다. available, interview, vice의 [v] 발음에 주의합니다.

■ 8 조사 결과 리뷰를 언제 할 수 있을까요?

When can we / **review** the research **results**?

성공 비즈니스톡에 도전하라

해결사 문장들을 실제 비즈니스 대화에서 활용해 봅시다. 우리말 부분을 1초 내로 말할 수 있는지 확인해 보세요.

Talk 1

A: Yes, Ms Kwon. What can I do for you?

B: 저희 박 이사님이 회의에 참석 못하심을 알려드리려고 전화 드리는데요.

A: Oh, OK. I will let my boss know.

B: Thank you and please convey Director Park's apologies.

convey 전달하다 / apology 사과, 양해

Talk 2

A: How can I help you, Mr. Lee?

B: 약속을 정하기 위해 저희 상사님을 대신해서 연락을 드립니다.

A: OK, when would you like to schedule it?

B: He has asked for next Monday at 10 a.m.

schedule 일정을 잡다 / ask 부탁하다, 요청하다

Talk 1
A: 네, 미스 권. 무슨 일이신지요?
B: **I'm calling to inform you that Director Park can't make it to the meeting.**
A: 아, 그래요. 저희 부서장님께 그렇게 말씀드릴게요.
B: 감사합니다. 그리고 박 이사님께서 죄송해 한다는 말씀도 전해 주세요.

Talk 2
A: 미스터 리, 뭘 도와드릴까요?
B: **I'm making this call on behalf of my boss to schedule an appointment.**
A: 그래요, 언제로 스케줄을 잡고 싶으신데요?
B: 저희 상사님이 다음 주 월요일 오전 10시로 부탁하시는데요.

180 PART 3 Telephoning

상황 26 일정·방문 계획 등을 의논할 때
(방문 전 일정 계획을 잡기 위해)

업무 차 외국에서 손님들이 회사를 내방하거나 반대로 해외로 방문을 나가는 경우도 있을 것입니다. 그럴 때 전화로 방문 일정을 협의하는 수가 많을 텐데요, 오늘은 그런 방문 일정 계획을 잡을 때 활용하는 표현을 익혀 봅시다.

Biz 공감 문장을 찾아라

다음 상황 해결사 문장들 중 내가 스피킹하고 싶은 공감 문장에 체크하고, 주어진 단어를 활용해 영어로 말해 보세요.

☑ 1 공식 미팅을 어느 날로 잡길 원하시는지요?   an official meeting

☐ 2 방문 이틀째 날 오찬 미팅은 어떠세요?   the second day of your visit

☐ 3 귀사 공장 방문을 언제 하면 좋을까요?   a good time to visit

☐ 4 저희 사장님은 그날 이미 선약이 있으신데요.   a previous commitment

☐ 5 그날은 여유가 있습니다.   flexible

☐ 6 미팅이 연달아 세 개나 있어서 셋째 날 아침은 피하죠.   avoid the third morning

☐ 7 여기 계신 동안 저희 유통업체들을 한번 만나 보실 시간이 있으시면 좋겠네요.   have time to meet

☐ 8 어제 말씀 나눈 일정 계획을 마무리할 수 있을까요?   finalize the schedule

문장이 잘 안 만들어진다면 어떻게 말하면 되는지 지금부터 알아볼까요?

청크로 스피킹을 확장하라

문장을 영어 어순에 따라 조금씩 확장하며 말해 보세요.

1 공식 미팅을 어느 날로 잡길 원하시는지요?

Which day would you prefer / for an official
어떤 날을 선호하는지요   공식 미팅에 대해
meeting?

'~를 위해 어느 날을 더 선호하나요?'는 「Which day would you prefer for ~?」로 표현할 수 있습니다.
공식 미팅 official meeting

2 방문 이틀째 날 오찬 미팅은 어떠세요?

How about having a luncheon / on the
오찬 미팅을 갖는 건 어떠세요   방문 둘째 날에
second day of your visit?

'~는 어때요?'라고 제안하는 가장 일반적인 형태는 「How about -ing?」일 겁니다.
오찬 미팅 하다 have a luncheon

3 귀사 공장 방문을 언제 하면 좋을까요?

When's a good time / to visit your factory?
언제가 좋은 시간인가요   당신의 공장을 방문하기에

'~하는 게 언제가 좋을까요?'를 표현할 때는 「When is a good time to+동사원형 ~?」 패턴을 활용하면 됩니다.

4 저희 사장님은 그날 이미 선약이 있으신데요.

Our president / already has a previous
우리 사장님은   이미 선약이 있는데요
commitment / on that day.
                그날에

선약이 있다 have a previous commitment
그날에 on that day

182 PART 3 Telephoning

5 그날은 여유가 있습니다.

We are flexible / on that day.
우리는 여유가 있습니다　　그날에

> 일정과 관련해 '여유가 있는'이란 말은 스케줄을 유연하게 조정 가능하다는 뜻이죠. 그런 의미를 표현할 수 있는 형용사가 flexible입니다.

6 미팅이 연달아 세 개나 있어서 셋째 날 아침은 피하죠.

Let's avoid the third morning / because we
셋째 날 아침은 피합시다　　　　　우리가 미팅이 세 개

have three meetings / in a row.
있습니다　　　　　　연달아서

> '~은 피하죠'는 제안을 나타내는 Let's를 써서 Let's avoid ~로 쓰면 됩니다.
> 연달아서 in a row

7 여기 계신 동안 저희 유통업체들을 한번 만나 보실 시간이 있으시면 좋겠네요.

We hope you'll have time / to meet our
우리는 당신이 시간이 있기를 바랍니다　　우리 유통업체들을 만나 볼

distributors / during your stay.
　　　　　　　　머무는 동안에

> ~할 시간이 있다 have time to+동사원형
> 유통업체 distributor
> 머무는 동안 during one's stay

8 어제 말씀 나눈 일정 계획을 마무리할 수 있을까요?

Can we finalize the schedule / we talked
일정을 마무리할 수 있을까요　　　　어제 얘기를 했었던

about yesterday?

> the schedule 이하는 관계대명사 절로 the schedule을 수식하는 형태가 됩니다.
> 일정을 마무리하다 finalize the schedule

낭독 훈련으로 문장을 체화하라

이번에는 문장을 처음부터 끝까지 죽 이어서 듣고 강세와 청크에 유의하며 따라서 말해 보세요. (천천히 5회, 빨리 5회)

Coaching

■ 1 공식 미팅을 어느 날로 잡길 원하시는지요?

Which day would you **prefer** / for an official **meeting**?

would you에서 연음이 일어나 [우쥬]처럼 발음되고 for an official 부분도 [포러너피셜]같이 연음됩니다. prefer는 빠르게 발음되면 [펄퍼]처럼 앞부분 발음에 변형이 오게 됩니다.

■ 2 방문 이틀째 날 오찬 미팅은 어떠세요?

How about having a **luncheon** / on the **second** day of your **visit**?

■ 3 귀사 공장 방문을 언제 하면 좋을까요?

When's a good **time** / to **visit** your **factory**?

When's a에서 연음 현상이 일어나게 됩니다. good time에서 [d]가 [t]와 부딪혀 탈락하게 되고요. visit의 [v] 발음, factory의 [t] 발음에 주의하세요.

■ 4 저희 사장님은 그날 이미 선약이 있으신데요.

Our **president** / **already** has a previous **commitment** / on that **day**.

Coaching

5 그날은 여유가 있습니다.

We're **flexible** / on that **day**.

6 미팅이 연달아 세 개나 있어서 셋째 날 아침은 피하죠.

Let's avoid the **third** morning / because we have **three** meetings / in a **row**.

Let's avoid the에서 앞 부분은 연음되고 avoid the에서 [d]가 뒤에 오는 비슷한 음과 부딪혀 탈락합니다. 그래서 [렛처보이더]로 발음됩니다. meetings에서 복수형 어미 '-s' 발음 빼먹지 마세요.

7 여기 계신 동안 저희 유통업체들을 한번 만나 보실 시간이 있으시면 좋겠네요.

We hope you'll have **time** / to meet our **distributors** / during your **stay**.

8 어제 말씀 나눈 일정 계획을 마무리할 수 있을까요?

Can we **finalize** the **schedule** / we talked about **yesterday**?

일반의문문으로 문장 끝의 억양이 올라가게 됩니다. Can we 부분이 연음되어 [캐뉘]같이 발음되고요. talked about도 연음되어 [톡터바웃]처럼 발음됩니다. finalize의 [f] 발음에 주의하세요.

성공 비즈니스톡에 도전하라

해결사 문장들을 실제 비즈니스 대화에서 활용해 봅시다. 우리말 부분을 1초 내로 말할 수 있는지 확인해 보세요.

📢 Talk 1

A: Will your president be available to meet with us on Wednesday?

B: 저희 사장님은 그날 이미 선약이 있으신데요.

A: I see. Hopefully, we can meet him some other time.

B: OK, let me see what I can do.

available 가능한, 시간 여유가 되는 / hopefully 바라건대

📢 Talk 2

A: We were thinking about having a video conference on Thursday.

B: OK. 그날은 여유가 있습니다.

　　Just let us know when is convenient for you.

A: OK, I'll confirm a time and get back to you.

conference 회의 / convenient 편리한 / confirm 확인하다, 확정하다

Talk 1
A: 그쪽 사장님께서 수요일에 저희와 미팅이 가능하신지요?
B: **Our president already has a previous commitment on that day.**
A: 그러시군요. 그럼 다른 시간에라도 뵐 수 있기를 바랍니다.
B: 네, 제가 한번 알아보도록 하겠습니다.

Talk 2
A: 목요일에 화상 회의를 할까 생각 중이었습니다.
B: 네. **We're flexible on that day.**
　　언제가 편하신지 그냥 알려 주시면 돼요.
A: 네. 그럼 시간을 확정해서 알려 드리도록 하겠습니다.

186　PART **3** Telephoning

상황 27 일정 변경·취소·연기가 필요할 때

계획은 항상 변경될 가능성이 있습니다. 매일 발생하는 상황에 따라 미리 잡아 놓은 일정에 변경, 취소 또는 연기가 필요해서 요청을 해야 할 때 요긴하게 써 먹을 수 있는 표현들을 오늘 한번 연습해 보세요.

Biz 공감 문장을 찾아라

다음 상황 해결사 문장들 중 내가 스피킹하고 싶은 공감 문장에 체크하고, 주어진 단어를 활용해 영어로 말해 보세요.

☑ **1** 환영 만찬을 이틀째 날로 연기할 수 있을까요?   move ~ back

☐ **2** 월요일 미팅을 수요일 미팅과 바꾸는 게 가능하신지요?   to switch

☐ **3** 저희가 출발하기 전에 그쪽 사장님과 미팅을 한 차례 더 가졌으면 하는데요.   to have one more meeting

☐ **4** 저희 유통센터 견학 일정을 변경해야겠는데요.   to reschedule the tour

☐ **5** 갑작스레 변동이 생겨 죄송합니다만, 공장 방문을 취소할 수 있을까요?   cancel our visit

☐ **6** 폭우로 인해서 현장 견학 일정을 취소하기로 결정했습니다.   call off the field trip

☐ **7** 상황이 정리될 때까지 연석회의를 연기하도록 하시지요.   put off the joint meeting

☐ **8** 1차 협상 날짜를 다른 날로 잡을 수 있을까요?   fix another date

문장이 잘 안 만들어진다면 어떻게 말하면 되는지 지금부터 알아볼까요?

청크로 스피킹을 확장하라

문장을 영어 어순에 따라 조금씩 확장하며 말해 보세요.

1 환영 만찬을 이틀째 날로 연기할 수 있을까요?

Could we move the welcoming dinner back /
우리가 환영 만찬을 연기할 수 있나요

to the second night?
이틀째 날 밤으로

'~을 언제로 연기하다'는 「move+ (an event)+back to+(time)」 구문을 쓸 수 있습니다.
환영 만찬 the welcoming dinner

2 월요일 미팅을 수요일 미팅과 바꾸는 게 가능하신지요?

Is it possible / to switch Monday's meeting /
가능한지요   월요일 미팅을 바꾸는 것이

with Wednesday's?
수요일 미팅과

'~가 가능한지요?'를 표현할 때 「Is it possible to부정사 ~ ?」 구문을 쓰세요.
A를 B와 바꾸다 switch A with B

3 저희가 출발하기 전에 그쪽 사장님과 미팅을 한 차례 더 가졌으면 하는데요.

We'd like to have one more meeting / with
저희가 한 번 더 미팅을 가지고 싶네요   당신

your president / before we leave.
사장님과 함께   우리가 떠나기 전에

'~하면 좋겠습니다'는 「would like to+동사원형」 구문을 활용하세요.
회의를 한 차례 더 하다 have one more meeting
출발하다/떠나다 leave

4 저희 유통센터 견학 일정을 변경해야겠는데요.

I'm afraid / we have to reschedule / the tour
유감입니다   일정 변경을 해야만 합니다   우리 유통센터의

of our distribution center.
견학을

일정을 변경하다 reschedule
~의 견학 the tour of

5 갑작스레 변동이 생겨 죄송합니다만, 공장 방문을 취소할 수 있을까요?

Sorry for the sudden change / but can we
갑작스런 변동에 미안합니다   하지만 우리가 우리의
cancel our visit / to the plant?
방문을 취소할 수 있을까요   공장으로의

'~에 대해 미안하다'는 간단한 회화체로 「Sorry for ~」로 표현합니다.
갑작스런 sudden
변동 change
취소하다 cancel

6 폭우로 인해서 현장 견학 일정을 취소하기로 결정했습니다.

We've decided / to call off the field trip /
우리는 결정했습니다   현장 견학을 취소하는 것을
because of the heavy rain.
폭우 때문에

~하기로 결정하다 decide to+동사원형
~을 취소하다 call off
현장 견학 field trip
폭우 heavy rain

7 상황이 정리될 때까지 연석회의를 연기하도록 하시지요.

Let's put off the joint meeting / until things
연석회의를 연기합시다   일이 정리될 때까지
are settled.

연기하다 put off
연석회의 joint meeting
(상황이) 정리되다 be settled

8 1차 협상 날짜를 다른 날로 잡을 수 있을까요?

Can we fix another date / for the first round
다른 날로 정할 수 있나요   1차 협상 날짜에 대해서
of negotiations?

'다른 날짜로 잡다'는 표현으로 fix another date를 많이 씁니다. 몇 회, 몇 차 등 차례를 나타낼 때는 round를 명사로 써서 표현합니다.
1차 ~ = the first round of

낭독 훈련으로 문장을 체화하라

이번에는 문장을 처음부터 끝까지 죽 이어서 듣고 강세와 청크에 유의하며 따라서 말해 보세요. (천천히 5회, 빨리 5회)

Coaching

1 환영 만찬을 이틀째 날로 연기할 수 있을까요?

Could we **move** the welcoming dinner **back** / to the **second** night?

2 월요일 미팅을 수요일 미팅과 바꾸는 게 가능하신지요?

Is it **possible** / to **switch** Monday's meeting / with **Wednesday's**?

일반의문문으로 문장 끝의 억양이 올라갑니다. Is it 부분에서 연음이 일어나 [이짓]으로 발음되고요, meeting에서 [t]가 약화되어 [r]처럼 됩니다. switch의 [tʃ] 발음에 주의하고요, Wednesday's에서 소유격 어미 's 발음도 빼먹지 마세요.

3 저희가 출발하기 전에 그쪽 사장님과 미팅을 한 차례 더 가졌으면 하는데요.

We'd like to have one **more** meeting / with your **president** / before we **leave**.

4 저희 유통센터 견학 일정을 변경해야겠는데요.

I'm **afraid** / we have to **reschedule** / the tour of our distribution **center**.

tour of our에서 연음이 일어나 [투어로봐월]같이 발음됩니다. afraid의 [f] 발음, reschedule의 [r] 발음과 [dʒ] 발음에 주의하세요. center에서는 [t]가 탈락하는 현상이 나타납니다.

훈련 횟수 및 암송 확인 체크

🎧 27-02

Coaching

■ 5 갑작스레 변동이 생겨 죄송합니다만, 공장 방문을 취소할 수 있을까요?

Sorry for the sudden change / but can we cancel our visit / to the plant?

■ 6 폭우로 인해서 현장 견학 일정을 취소하기로 결정했습니다.

We've decided / to call off the field trip / because of the heavy rain.

decided to와 field trip에서 [d]가 뒤에 오는 [t]와 겹쳐서 탈락하게 됩니다. off, field의 [f] 발음, heavy의 [v] 발음, rain의 [r] 발음에 주의하세요. trip에서 [t]는 바로 뒤의 [r]에 영향을 받아 [츠]처럼 발음됩니다.

■ 7 상황이 정리될 때까지 연석회의를 연기하도록 하시지요.

Let's put off the joint meeting / until things are settled.

put off에서 [t]가 [r]로 약화되고 연음이 일어나 [푸롭]처럼 발음됩니다. things are에서도 연음이 일어나고요. joint meeting의 [t]도 뒤에 오는 단어 첫 자음과 부딪혀 거의 사라지며, settled의 [t]는 [r]로 약화됩니다.

■ 8 1차 협상 날짜를 다른 날로 잡을 수 있을까요?

Can we fix another date / for the first round of negotiations?

성공 비즈니스톡에 도전하라

해결사 문장들을 실제 비즈니스 대화에서 활용해 봅시다. 우리말 부분을 1초 내로 말할 수 있는지 확인해 보세요.

📣 Talk 1

A: I was told you wanted to discuss a schedule change.

B: Yes, I did. 월요일 미팅을 수요일 미팅과 바꾸는 게 가능하신지요?

A: I'm afraid that's going to be difficult.

B: Could you see what you can do?

be told ~라고 (전해) 듣다 / discuss 의논하다, 토론하다

📣 Talk 2

A: It looks like there's still a lot of disagreement on specific project goals.

B: Yeah. 상황이 정리될 때까지 연석회의를 연기하도록 하시지요.

A: I agree.

B: OK, I'll have my office contact you later today to set a new date.

disagreement 의견 불일치 / specific 구체적인 / contact 접촉하다 / set a date 날짜를 정하다

Talk 1

A: 일정 변경에 대해 논의를 원하신다고 들었는데요.
B: 네, 그렇습니다. **Is it possible to switch Monday's meeting with Wednesday's?**
A: 그건 좀 어렵겠는데요.
B: 그럼 뭘 조정할 수 있겠는지 한번 봐주시겠어요?

Talk 2

A: 구체적인 프로젝트 목표에 대해 아직 의견 차이가 많은 것 같네요.
B: 네. **Let's put off the joint meeting until things are settled.**
A: 동의합니다.
B: 네, 그럼 새로 일정을 잡도록 오늘 나중에 저희 쪽 사무실에서 연락을 드리라고 하겠습니다.

상황 28 팩스·이메일·우편·배송 등의 도착을 확인할 때

공적으로 업무를 처리할 때는 뭐든 확실히 해두는 게 좋습니다. 상대 쪽에서 바로 확인을 해주면 수고를 덜 수 있을 텐데 보통 내 쪽에서 수고해야 하는 경우가 많습니다. 오늘 표현은 이렇게 확인해 볼 때 활용할 수 있는 표현들입니다.

Biz 공감 문장을 찾아라

다음 상황 해결사 문장들 중 내가 스피킹하고 싶은 공감 문장에 체크하고, 주어진 단어를 활용해 영어로 말해 보세요.

✅ 1 제 팩스 잘 받으셨는지 확인차 연락드렸습니다. calling to confirm

☐ 2 제가 보낸 팩스가 제대로 나왔는지요? come through

☐ 3 제 이메일 받으셨는지 확인하고 싶어서요. received my email

☐ 4 이메일에 첨부한 것도 받으셨죠? get the attachment

☐ 5 저희 회사에서 보내드린 택배가 도착했는지 궁금해서요. was wondering if ~

☐ 6 지난주 페덱스로 서류를 보내드렸는데, 아직 안 받으셨는지요? FedExed some documents

☐ 7 등기로 부친 계약서 사본 받으셨는지요? Have you gotten ~

☐ 8 보내드린 샘플 받으시면 연락 주시겠어요? the samples we sent over

문장이 잘 안 만들어진다면 어떻게 말하면 되는지 지금부터 알아볼까요?

청크로 스피킹을 확장하라

문장을 영어 어순에 따라 조금씩 확장하며 말해 보세요.

1 제 팩스 잘 받으셨는지 확인차 연락드렸습니다.

I'm calling / to confirm / that you received my
전화 드립니다   확인하기 위해   당신이 내 팩스를 받았는지를
fax.

'~ 확인차 (전화) 연락합니다'는 「I'm calling to confirm that S+V」 구문을 활용할 수 있습니다.

2 제가 보낸 팩스가 제대로 나왔는지요?

Did my fax come through OK?
내 팩스가 잘 나왔는지요

이쪽 팩스머신에서 보낸 문서가 그쪽 팩스머신으로 잘 전송되어 나왔다는 의미로 come through OK를 씁니다.

3 제 이메일 받으셨는지 확인하고 싶어서요.

I want to make sure / you received my email.
나는 ~을 확인하고 싶습니다   당신이 내 이메일을 받았는지를

~을 확인하고 싶다 I want to make sure
~의 이메일을 받다 receive one's email

4 이메일에 첨부한 것도 받으셨죠?

Did you get the attachment / I sent with my
첨부를 받았는지요   내가 이메일과 함께 보냈던
email?

받다 get
이메일 첨부(파일) attachment

■ 5 저희 회사에서 보내드린 택배가 도착했는지 궁금해서요.

I was wondering / if the package from our
~이 궁금한데요　　　　　우리 회사로부터의 택배가 도착했는지 안 했는지가
company arrived.

'~인지 아닌지 궁금하다'는 「S+ be wondering if S+V」 구문을 활용할 수 있습니다. I was wondering if ~는 직접적인 물음보다 공손한 간접화법에 해당하는 표현입니다.

■ 6 지난주 페덱스로 서류를 보내드렸는데, 아직 안 받으셨는지요?

We FedExed some documents / last week, /
우리는 페덱스로 서류를 부쳤어요　　　　　　지난주에
and have you received them yet?
아직 그것들을 안 받았는지요

FedEx 자체가 '~을 페덱스로 보내다'라는 뜻의 동사로 쓰입니다. 과거형은 과거형 어미 -ed를 붙이면 되고요.

■ 7 등기로 부친 계약서 사본 받으셨는지요?

Have you gotten a copy of the contract / that
계약서 사본을 받았는지요　　　　　　　　　우리가
we sent / by registered mail?
보냈던　　등기우편으로

과거형 같지만 의미상 받아서 지금 갖고 있냐는 의미이므로 현재완료형을 쓰면 됩니다.
사본 a copy
등기(우편)로 보내다 send by registered mail

■ 8 보내드린 샘플 받으시면 연락 주시겠어요?

Could you call us / when you get the samples /
전화해 주실래요　　　　　당신이 샘플을 받을 때
we sent over?
우리가 보냈던

~할 때 연락 주실래요? Could you call us when ~?

낭독 훈련으로 문장을 체화하라

이번에는 문장을 처음부터 끝까지 죽 이어서 듣고 강세와 청크에 유의하며 따라서 말해 보세요. (천천히 5회, 빨리 5회)

Coaching

1 제 팩스 잘 받으셨는지 확인차 연락드렸습니다.

I'm calling / to confirm / that you received my fax.

2 제가 보낸 팩스가 제대로 나왔는지요?

Did my fax come through OK?

3 제 이메일 받으셨는지 확인하고 싶어서요.

I want to make sure / you received my email.

want to에서는 [t]가 겹쳐서 하나가 탈락하게 되고요, make sure에서도 자음 발음이 부딪혀 [k]가 약화돼 발음됩니다. received의 [r] 발음에 주의하고요, 과거형 어미 '-(e)d' 발음도 빼먹지 마세요.

4 이메일에 첨부한 것도 받으셨죠?

Did you get the attachment / I sent with my email?

Did you 부분이 연음되어 [디쥬]같이 발음되고요, get the에서는 get의 [t]가 뒤에 오는 비슷한 자음으로 인해 약화됩니다. attachment의 [-ætʃ-] 발음에 주의하세요.

훈련 횟수 및 암송 확인 체크

196　PART **3** Telephoning

Coaching

■ 5 저희 회사에서 보내드린 택배가 도착했는지 궁금해서요.

I was wondering / if the **package** from our **company arrived**.

■ 6 지난주 페덱스로 서류를 보내드렸는데, 아직 안 받으셨는지요?

We **FedExed** some documents / **last** week / and have you **received** them **yet**?

last week의 [t]는 약화되어 발음되고 received them의 [d]는 뒤에 오는 비슷한 자음 [ð]를 만나 탈락하게 됩니다. have you ~ yet? 부분은 일반의문문으로 문장 끝의 억양이 올라가게 됩니다.

■ 7 등기로 부친 계약서 사본 받으셨는지요?

Have you gotten a **copy** of the **contract** / that we sent / by **registered mail**?

■ 8 보내드린 샘플 받으시면 연락 주시겠어요?

Could you **call** us / when you get the **samples** / we **sent** over?

조동사가 이끄는 일반의문문으로 문장 끝의 억양이 올라갑니다. Could you와 call us, 그리고 sent over 부분에서 연음 현상이 일어나고요. get the도 get의 [t]가 [ð]와 부딪혀 탈락합니다. samples의 복수형 어미 '-s'의 발음도 빼먹지 마세요.

성공 비즈니스톡에 도전하라

해결사 문장들을 실제 비즈니스 대화에서 활용해 봅시다. 우리말 부분을 1초 내로 말할 수 있는지 확인해 보세요.

Talk 1

A: Yes, Mr. Han. How can I help you?

B: 제 팩스 잘 받으셨는지 확인차 연락드렸습니다.

A: Yes, we got it.

B: Like I wrote on the fax, please make sure Mr. Lutz has a chance to read it.

like (접속사로 쓰여서) ~처럼 / make sure 확실히 하다

Talk 2

A: What was it you wanted to ask me?

B: 지난주 페덱스로 서류를 보내드렸는데, 아직 안 받으셨는지요?

A: I think we got something from FedEx this morning. But let me check.

B: It should be in a FedEx small box.

check 확인하다 / a FedEx small box 소형 페덱스 포장 박스

Talk 1

A: 네, 미스터 한. 뭘 도와드릴까요?

B: **I'm calling to confirm that you received my fax.**

A: 네, 잘 받았습니다.

B: 팩스에 제가 쓴 것처럼 러츠 씨가 꼭 좀 읽어 보실 수 있도록 부탁을 드립니다.

Talk 2

A: 물어보고 싶은 게 뭐였죠?

B: **We FedExed some documents last week and have you received them yet?**

A: 오늘 아침에 페덱스로부터 뭘 받은 게 있던 것 같은데, 한번 확인해 볼게요.

B: 페덱스 스몰 박스에 넣어져 있을 거예요.

상황 29

전화상으로 핑계나 구실을 댈 때
(세일즈·기부 요청·응대 회피)

귀찮은 요청이 있거나 부담스러운 상황 때문에 전화 받기 곤란할 때 한두 마디로 간단하게 응대할 수 있다면 정말 좋겠죠? 오늘은 그런 상황에 활용할 수 있는 거절 표현을 한번 연습해 봅시다.

Biz 공감 문장을 찾아라

다음 상황 해결사 문장들 중 내가 스피킹하고 싶은 공감 문장에 체크하고, 주어진 단어를 활용해 영어로 말해 보세요.

☑ **1** 죄송하지만, 관심 없습니다. — not interested

☐ **2** 요청하지 않은 전화는 사절입니다. — unsolicited calls

☐ **3** 제가 뭘 하던 중이어서 지금 전화를 받을 수가 없네요. — in the middle of something

☐ **4** 전화 통화 대신에 브로슈어 같은 걸 보내주시겠어요? — send us a brochure

☐ **5** 담당자 분이 오늘 하루 종일 외근이신데요. — out all day

☐ **6** 미스 박 방금 외출한 것 같아 보이네요. — stepped out

☐ **7** 미스터 김이 지금 사무실에서 잠시 나가신 것 같네요. — away from the office

☐ **8** 지금 다른 일에 집중하고 계셔서 나중에 다시 연락 주실래요? — preoccupied, try again

문장이 잘 안 만들어진다면 어떻게 말하면 되는지 지금부터 알아볼까요?

청크로 스피킹을 확장하라

문장을 영어 어순에 따라 조금씩 확장하며 말해 보세요.

1 죄송하지만, 관심 없습니다.

I'm sorry but / we're not interested.

죄송하지만　　　　　우리는 관심이 없어요

> 광고성 전화를 받고서 관심 없다는 말을 표현할 때 흔히 활용되는 문장이지요. 회화체에서는 간단히 'Not interested.'라고 말해도 됩니다.

2 요청하지 않은 전화는 사절입니다.

I don't appreciate / getting unsolicited calls.

반가워하지 않아요　　　　　요청하지 않은 전화를 받는 것을

> '요청하지 않은 (광고성) 전화'는 unsolicited call이라고 많이 표현합니다. 전화를 받는 것은 get a call이고, appreciate 뒤에는 동명사 형태가 옵니다.

3 제가 뭘 하던 중이어서 지금 전화를 받을 수가 없네요.

I'm in the middle of something / so I can't take your call.

제가 지금 뭐 하는 중간인데요　　　　　그래서 당신 전화를

받을 수가 없어요

> 이 표현도 광고성 전화를 차단하거나 실제로 어떤 일 중간에 전화를 받을 수 없는 상황일 때 요긴하게 활용할 수 있는 표현이 되겠습니다.
> 뭘 하던 중이다 be in the middle of something

4 전화 통화 대신에 브로슈어 같은 걸 보내주시겠어요?

Could you send us a brochure / instead of talking over the phone?

우리에게 브로슈어를 보내주시겠어요　　　　　전화 통화 대신에

> 귀찮은 광고성 전화를 차단하려고 할 때 전화를 걸지 말고 전단지 등을 우편으로 보내라고 할 수 있지요. 그때 쓸 수 있는 말입니다.
> ~ 대신에 instead of
> 전화 통화하다 talk over the phone

5 담당자 분이 오늘 하루 종일 외근이신데요.

The person in charge / is out all day today.
담당하는 사람이 　　　　　오늘 하루 종일 외근이에요

담당자가 오늘 없다고 핑계를 댈 때 활용할 수 있는 표현입니다.
담당자 the person in charge
하루 종일 외근이다 be out all day

6 미스 박 방금 외출한 것 같아 보이네요.

It looks like / Ms Park has just stepped out.
~인 것 같네요　　미스 박이 금방 밖에 나간

특정한 사람을 요청할 때 그 사람이 한동안 부재중이라고 변명할 수도 있는데 그때 쓸 수 있습니다.
~처럼 보이다 It looks like S+V
밖으로 외출하다 step out

7 미스터 김이 지금 사무실에서 잠시 나가신 것 같네요.

It seems / Mr. Kim is away from the office /
~인 것 같네요　　미스터 김이 사무실에서 떨어져 있는

right now.
지금

'~인 것 같다'는 「It seems (that) S+V」 구문을 활용할 수 있습니다.
사무실에서 나가다 be away from the office

8 지금 다른 일에 집중하고 계셔서 나중에 다시 연락 주실래요?

He's preoccupied at the moment, / so could
그는 지금 다른 일에 집중하고 있어요　　　　그래서 나중에

you try again later?
다시 연락 주실래요

집중하다 be preoccupied
나중에 다시 연락하다 try again later

29 전화상으로 핑계나 구실을 댈 때　201

낭독 훈련으로 문장을 체화하라

이번에는 문장을 처음부터 끝까지 죽 이어서 듣고 강세와 청크에 유의하며 따라서 말해 보세요. (천천히 5회, 빨리 5회)

Coaching

1 죄송하지만, 관심 없습니다.

I'm **sorry** but / we're **not** interested.

2 요청하지 않은 전화는 사절입니다.

I **don't** appreciate / getting **unsolicited calls**.

3 제가 뭘 하던 중이어서 지금 전화를 받을 수가 없네요.

I'm in the **middle** of **something** / so I **can't** take your **call**.

something의 [θ] 발음에 주의하세요. can't take에서는 [t]가 겹쳐 하나가 탈락하는데 can't 부분을 강하게 발음하여 부정문임을 나타냅니다. take your 부분에서 연음이 일어나 [테이큐얼]같이 발음됩니다.

4 전화 통화 대신에 브로슈어 같은 걸 보내주시겠어요?

Can you send us a **brochure** / instead of **talking** over the **phone**?

Can you는 [캐뉴]로, send us a 부분은 [센더스]같이 연음되어 발음됩니다. 또 instead of에서는 [d]가 [r]로 약화되어 [인스테럽]처럼 발음됩니다.

🎧 29-02

Coaching

■ 5 담당자 분이 오늘 하루 종일 외근이신데요.

The person in charge / is out all day today.

■ 6 미즈 박 방금 외출한 것 같아 보이네요.

It looks like / Ms Park has just stepped out.

just stepped에서 [st]가 겹쳐 한 부분이 탈락하게 되고요, stepped out에서 연음이 일어나 [스텝다웃]처럼 발음됩니다.

■ 7 미스터 김이 지금 사무실에서 잠시 나가신 것 같네요.

It seems / Mr. Kim is away from the office / right now.

■ 8 지금 다른 일에 집중하고 계셔서 나중에 다시 연락 주실래요?

He's preoccupied at the moment, / so could you try again later?

절이 나뉘는 쉼표에서 끊어 읽기 해주고요, 「could you ~?」 부분은 일반의문문으로 억양이 올라갑니다. could you는 [쿠쥬]로 연음되고 later의 [t]는 [r]로 약화됩니다.

성공 비즈니스톡에 도전하라

해결사 문장들을 실제 비즈니스 대화에서 활용해 봅시다. 우리말 부분을 1초 내로 말할 수 있는지 확인해 보세요.

📢 Talk 1

A: I'm calling from 'Funds for Africa'. Can I have a moment of your time?

B: 요청하지 않은 전화는 사절입니다.

A: Yes, ma'am. I understand how you feel.

B: Please remove our number from your calling list.

remove 제거하다 / calling list 전화목록

📢 Talk 2

A: I really think that you'll be interested in our consulting services.

B: 전화 통화 대신에 브로슈어 같은 걸 보내주시겠어요?

A: Sure, can I please have your mailing address?

B: You can find it on our website.

be interested in ~에 관심이 있다 / mailing address 우편 주소

Talk 1
A: '아프리카 모금 펀드'에서 전화 드리는데요. 잠깐 시간 괜찮으신지요?
B: **I don't appreciate getting unsolicited calls.**
A: 네, 그러세요. 어떤 기분이실지 이해가 갑니다.
B: 저희 번호를 그쪽 전화목록에서 빼주세요.

Talk 2
A: 저희 컨설팅 서비스에 굉장히 관심이 있으실 거라 믿습니다.
B: **Can you send us a brochure instead of talking over the phone?**
A: 그러죠. 주소를 불러주시겠어요?
B: 저희 웹사이트에 보면 나와 있어요.

204　PART **3** Telephoning

상황 30

전화 통화를 마무리할 때
(통화 내용 확인 및 적절한 마무리 인사 표현)

전화 통화를 마무리할 때 Bye bye. 이외에도 활용할 수 있는 표현이 많이 있습니다. 오늘은 상황에 맞게 전화 통화를 마무리하는 표현들을 익혀 봅시다.

Biz 공감 문장을 찾아라

다음 상황 해결사 문장들 중 내가 스피킹하고 싶은 공감 문장에 체크하고, 주어진 단어를 활용해 영어로 말해 보세요.

☑ 1 네, 나중에 또 말씀 나누시지요.   talk to you

■ 2 전화 감사드리고, 또 연락드리겠습니다.   be in touch

■ 3 이렇게 시간 내 도와주셔서 감사합니다.   taking the time

■ 4 전화 통화로 해결할 수 있어서 기쁘네요.   over the phone

■ 5 무슨 일이 생기면 연락 주십시오.   something comes up

■ 6 저희 사장님과 말씀 나누고 다시 연락드리겠습니다.   get back to you

■ 7 전화가 또 와서요. 이만 끊어야겠습니다.   let you go

■ 8 지금 누가 오셔서요, 나중에 통화하시지요.   come into my office

문장이 잘 안 만들어진다면 어떻게 말하면 되는지 지금부터 알아볼까요?

청크로 스피킹을 확장하라

문장을 영어 어순에 따라 조금씩 확장하며 말해 보세요.

1 네, 나중에 또 말씀 나누시지요.

Okay, I'll talk to you / later.

네, 당신과 얘기를 나누겠어요.   나중에

말로 하는 전화 대화의 특성상 마지막 마무리 인사로 see you later 보다 talk to you later가 주로 쓰입니다. 가장 일반적인 인사이니 입에 꼭 익혀 두세요.

2 전화 감사드리고, 또 연락드리겠습니다.

Thanks for the call / and we'll be in touch.

전화 감사해요   연락할게요

전화를 받고 얘기를 나눈 후 '전화 줘서 감사하다'고 말할 때 Thanks for the call로 표현하면 됩니다. 연락하다 be in touch

3 이렇게 시간 내 도와주셔서 감사합니다.

I appreciate you taking the time / to help me.

당신이 시간을 내주어 감사해요   나를 도와주는

전화 통화 마지막에 도와줘서 고맙다는 표현으로 대화를 매끄럽게 마무리 지으면 좋겠지요. '~하는 시간을 내다'는 「take the time to+동사원형」 구문으로 표현합니다.

4 전화 통화로 해결할 수 있어서 기쁘네요.

I'm glad / we took care of this / over the phone.

기쁩니다   우리가 이걸 해결해서요   전화 통화로

전화 대화의 마무리에 직접 만나는 수고와 비용을 대신해서 전화하는 것만으로 해결이 돼서 다행이라고 한마디 멘트를 하고 싶을 때 유용하게 활용할 수 있는 표현입니다.

206 PART **3** Telephoning

5 무슨 일이 생기면 연락 주십시오.

If something comes up, / please let me know.

어떤 일이 발생하면 　　　　　　　　나에게 알려 주세요

> 구체적으로 거론하지 않고 '무슨 일이 생기다'의 의미로 something comes up이란 표현을 많이 씁니다. '나에게 연락 주세요'는 let me know를 쓰면 됩니다.

6 저희 사장님과 말씀 나누고 다시 연락드리겠습니다.

I'll speak with my boss / and get back to you.

제 사장님과 얘기를 하겠어요 　　　　그리고 당신에게 연락하겠어요

> '어떤 사안에 대해 누구와 상의를 한번 해보고 다시 연락을 주다'는 「speak with ~ and get back to you」를 쓸 수 있습니다.

7 전화가 또 와서요, 이만 끊어야겠습니다.

I'm getting another call / so I'm afraid /

다른 전화가 걸려옵니다 　　　　　그래서 유감스럽지만

I'll have to let you go.

이만 전화를 끊어야겠어요

> 다른 전화가 오다 get another call
> 당신과의 전화를 끊다 let you go

8 지금 누가 오셔서요. 나중에 통화하시지요.

Someone has just come into my office / so

누가 제 사무실에 들어왔네요 　　　　　　　　그래서

let me call you later.

나중에 전화할게요

> 전화를 끊어야 할 때 핑계를 대거나 실제 누가 와서 전화를 마무리해야 할 때 활용할 수 있는 표현이에요. '누가 (방금) 내 방에 들어왔다'는 의미로 현재완료형을 써서 표현할 수 있습니다.

낭독 훈련으로 문장을 체화하라

이번에는 문장을 처음부터 끝까지 죽 이어서 듣고 강세와 청크에 유의하며 따라서 말해 보세요. (천천히 5회, 빨리 5회)

Coaching

1 네, 나중에 또 말씀 나누시지요.

Okay, I'll **talk** to you / **later**.

2 전화 감사드리고, 또 연락드리겠습니다.

Thanks for the **call** / and we'll be in **touch**.

and는 짧게 [앤]으로 발음되고 we'll도 [윌]처럼 발음됩니다. thanks의 [θ] 발음, for의 [f] 발음, touch의 [tʃ] 발음에 주의하세요.

3 이렇게 시간 내 도와주셔서 감사합니다.

I **appreciate** you taking the **time** / to **help** me.

4 전화 통화로 해결할 수 있어서 기쁘네요.

I'm **glad** / we took care of **this** / over the **phone**.

I'm은 빠르게 말하면 거의 [암]처럼 발음됩니다. took care에서는 [k]가 두 개 겹쳐서 하나가 탈락하고요, care of는 연음이 일어납니다. phone의 [f] 발음에 주의하세요.

훈련 횟수 및 암송 확인 체크

208 PART **3** Telephoning

5 무슨 일이 생기면 연락 주십시오.

If something **comes** up, / please let me **know**.

6 저희 사장님과 말씀 나누고 다시 연락드리겠습니다.

I'll **speak** with my **boss** / and get **back** to you.

7 전화가 또 와서요, 이만 끊어야겠습니다.

I'm **getting** another **call** / so I'm **afraid** / I'll have to let you **go**.

8 지금 누가 오셔서요. 나중에 통화하시지요.

Someone has just come into my **office** / so let me **call** you **later**.

Coaching

쉼표 사이에 끊어 읽기를 해주세요. 일반적으로 종속절과 주절의 억양은 앞에 오는 종속절의 끝 부분에서 오름세 억양으로 가다가 주절 문장 끝에서는 일반 평서문의 내림 억양으로 가게 됩니다.

I'm이 [암]처럼 발음되듯이 I'll도 빠르게 발음되면 [알]처럼 발음됩니다. have to도 [햅터]처럼 발음되고요, getting의 [t]는 [r]로 약화되어 [게링]처럼 소리납니다.

성공 비즈니스톡에 도전하라

해결사 문장들을 실제 비즈니스 대화에서 활용해 봅시다. 우리말 부분을 1초 내로 말할 수 있는지 확인해 보세요.

Talk 1

A: It was great to talk to you.

B: 전화 감사드리고, 또 연락드리겠습니다.

A: Yes, I'll send you an email in the coming days.

B: OK, we'll go on from there.

coming days (다가오는) 수일, 며칠 / go on 진행하다, 계속하다

Talk 2

A: I think we've got everything squared away.

B: Yes. 전화 통화로 해결할 수 있어서 기쁘네요.

A: Me too. It really helped us save time.

B: Yes, it did. Meeting in person would have cost a lot of time and money.

square away ~을 정리[완료]하다 / in person 직접, 몸소 / cost (비용 등이) 들다

Talk 1
A: 말씀 잘 나눴습니다.
B: **Thanks for the call and we'll be in touch.**
A: 네, 며칠 내로 제가 이메일을 보내드리겠습니다.
B: 네, 이메일 받아서 계속 진행하도록 하시지요.

Talk 2
A: 모든 게 잘 정리가 된 것 같네요.
B: 네. **I'm glad we took care of this over the phone.**
A: 저도 그렇습니다. 정말 시간을 절약하는 데 도움이 됐어요.
B: 네, 그래요. 직접 만나고 그랬으면 시간과 돈이 많이 들어갔을 거예요.

이 문장만은 반드시!

1. 담당자께 전화 돌려드릴게요.
I'll put you through to the person in charge.

2. 전화 잘못 거신 것 같은데요.
I think you may have called the wrong number.

3. 메시지 말씀하실 때 천천히 말씀해 주실래요?
Could you speak slowly when you tell me your message?

4. 더 덧붙일 말씀 있으세요?
Is there anything else you want to add?

5. 저희가 좀 늦겠다고 전해 주세요.
Please let him know we're running late.

6. 메시지 확인하시면 바로 연락 부탁드립니다.
As soon as you get this message, please call me back.

7. 아침나절에 계속 회의가 있어서 점심 후에 연락 주십시오.
I'll be in a meeting for the rest of the morning – call me after lunch.

8. 저희 박 이사님이 회의에 참석 못하심을 알려 드리려고 전화 드리는데요.
I'm calling to inform you that Director Park can't make it to the meeting.

9. 공식 미팅을 어느 날로 잡길 원하시는지요?
Which day would you prefer for an official meeting?

10. 그날은 여유가 있습니다.
We're flexible on that day.

11. 월요일 미팅을 수요일 미팅과 바꾸는 게 가능하신지요?
Is it possible to switch Monday's meeting with Wednesday's?

12. 제가 보낸 팩스가 제대로 나왔는지요?
Did my fax come through OK?

13. 제가 뭘 하던 중이어서 지금 전화를 받을 수가 없네요.
I'm in the middle of something so I can't take your call.

14. 미스터 김이 지금 사무실에서 잠시 나가신 것 같네요.
It seems Mr. Kim is away from the office right now.

15. 전화가 또 와서요. 이만 끊어야겠습니다.
I'm getting another call so I'm afraid I'll have to let you go.

다시 시작하는 영어 스피킹 – 영어 낭독 훈련이 답이다!

한국어도 영어처럼 발음기호가 있을까요? 좀 긴가민가하면 이렇게 질문을 바꿔 보죠. 영어는 왜 발음 기호가 있을까요? 정확히는, 왜 발음기호가 있어야만 할까요? 네, 영어는 철자(알파벳) 그대로 소리 나지 않는 언어이기 때문입니다. a 하나만 보더라도 [éi] (apron), [ɑː] (arm), [æ] (apple), [ə] (alone), [ɔː] (all) 등 단어에 따라 제각각으로 소리 납니다. 그래서 영어 학습자는 이 각각의 소리를 그냥 외우는 수밖에 없습니다. 수많은 단어의 소리를 일일이 외워야 하니 우리에겐 참 버거운 노릇입니다.

그래도 웬만큼 영어 공부를 했던 사람이라면 몇 천 단어 정도는 그 소리와 뜻을 알고 있습니다. 학창시절 수년간 공들여 반복하다 보니 익숙해진 거죠. 그런데 우리가 애초에 영어를 소리로 먼저 익혔더라면 이런 고생을 조금은 덜 했을 겁니다. 즉 소리 내어 읽기(낭독 훈련)에 우선적으로 집중 투자를 했더라면 단어 암기나 스피킹 기초에서 우리가 느끼는 중압감을 많이 덜어낼 수 있었을 거라는 말이죠. 만약 영어 스피킹을 다시 시작해 보려는 학습자라면 과연 어디서부터 시작해야 할지 난감해하지 말고 먼저 적극적으로 낭독 훈련을 실천해 보기 바랍니다. 낭독 훈련은 소리 내어 읽기인데요, 이게 뭐라고 중요할까요? 영어는 본질적으로 '스킬(skill)'입니다. 수영을 배울 때 반드시 '몸으로 익히는 훈련'이 있어야만 원하는 결과를 얻을 수 있듯이 영어 스피킹에서 그 '몸으로 익히는 훈련'이 바로 낭독 훈련인 것입니다.

낭독 훈련을 할 때는 크게 두 가지 측면에서 연습해야 합니다. 내용(contents)과 프레젠테이션(presentation)인데, 쉽게 말해 '무엇을 말하는가'와 '어떻게 말하는가' 하는 것입니다. 흥미로운 내용을 명쾌하게 스피킹하는 것이 가장 이상적이겠지요. 내용적인 측면은 화자(speaker)의 개인적인 내공(지혜)과 노력에 크게 좌우되는 경향이 있어 (『영어 낭독 훈련 지식/감동 에피소드편』 참조) 여기에서는 외양적 측면을 중심으로 얘기해 보겠습니다.

외양적 측면이란 원어민들이 알아듣기 쉽게 영어를 명확하게 스피킹하는 연습입니다. 가장 영어답게 들리도록 하는 스피킹 훈련인데요, 그것을 위해 세 가지 스피킹 기본기를 철저히 훈련해야 합니다.

1) 끊어 읽기(Pause) 연습

의미	우리가 생각을 말로 표현할 때 덩어리 지어 의미를 전달하는데 이런 덩어리를 생각 그룹(thought group) 또는 의미 단위(meaning chunk)라 부릅니다. 끊어 읽을 때 잠깐 포즈(pause)를 주기 때문에 호흡 단위(Breath Group)라고도 하는데요, 똑같은 문장이라도 끊어 읽기에 따라 의미가 변하므로 제대로 끊어 읽어야 의사소통의 오류를 막을 수 있습니다. ex) ⓐ Nancy ate chocolate cake / and honey. 　　　(낸시는 초콜릿 케이크와 꿀을 먹었다. → 두 가지 음식) 　　ⓑ Nancy ate chocolate / cake / and honey 　　　(낸시는 초콜릿, 케이크, 그리고 꿀을 먹었다. → 세 가지 음식)
연습	원어민이 녹음한 오디오와 스크립트를 준비해서 오디오의 끊어 읽는 곳(숨을 잠시 멈추는 부분)에 슬래시(/)로 표시하는 연습을 계속해 봅니다.

2) 소리 연결(Linking) 연습

의미	영어는 한국어처럼 한 단어씩 끊어지듯 스피킹하게 되면 원어민들이 듣기에 거북하고 마치 화를 내는 듯한 인상을 줄 수 있습니다. 소리 변화에는 크게 연음, 약화, 탈락 현상이 있는데 이를 잘 구사할 수 있어야 원어민에게 보다 편안한 스피킹을 할 수 있습니다.
연습	소리의 변화 현상은 정상 속도로 스피킹을 할 때 발생하므로 반드시 문장 수준 이상의 스크립트로 연습을 합니다. 스크립트에 소리의 연결(◡), 약화(_), 탈락(⌒) 기호를 표시한 후 큰소리로 낭독해 봅니다. ex) I want to dress up as a cat. (아이 완투 즈레샵-빼-즈 캣)

3) 발음 · 강세 · 억양 연습

의미	우리말 음가에는 없는 [f, v, r, θ, ð] 등의 발음과 흔히 지나치기 쉬운 명사의 복수형과 동사의 3인칭 단수 현재형의 -(e)s, 과거형의 -(e)d 발음에 주의해야 합니다. 발음을 제대로 안 해주면 의미가 바뀌기 때문입니다. 또한 영어는 강세(stress)와 억양(intonation)이 어우러져 특유의 리듬감을 형성합니다. 강세를 받는 초점어는 강하게, 기능어는 약하게 발음하는 것이 주기적으로 반복되며, 음악의 멜로디처럼 높낮이 억양이 있어 감정 표현과 함께 평서문인지 의문문인지 등의 문법적 기능도 표현하고 있습니다.
연습	스크립트를 먼저 들으며 실수하기 쉬운 발음(철자)에 동그라미로 표시를 해둡니다. 강세를 받아 강하게 발음되는 부분도 표시(**볼드**)를 해두고, 억양도 상승조(⌒)와 하강조(⌒)로 표시를 해보며 낭독 훈련을 해나갑니다.

소리 내어 읽기의 마지막 팁은 본인이 낭독한 걸 꼭 녹음해서 들어봐야 한다는 것입니다. 처음엔 어색해서 손이 오그라들지만 그런 확인 과정을 통해 앞의 기본 사항들을 유념해 제대로 스피킹하고 있는지 체크해 봐야 발전이 있습니다. 요즘은 스마트폰에 녹음 기능이 기본적으로 장착되어 있으니 손쉽게 자신의 음성 녹음을 확인해 볼 수 있을 것입니다. 이제 우직한 실천으로 다시 시작하는 영어 스피킹에서 큰 성공을 거두길 기원합니다.

PART 4

Business Traveling
해외 출장

출장 목적 국가로 들어가는 공항에서부터 실질적인 해외 출장 업무가 시작됩니다. 사실 해외 여행과 출장에서 쓰는 말은 크게 다르지 않습니다. 다만 출장 때문에 사무실을 방문하거나 전시장을 견학하고 관람한다는 게 여행과의 큰 차이점이라고 할 수 있겠죠. 사방에서 영어가 난무하는 해외 출장에서 기죽지 않고 활보하게 하는 영어 표현들로는 무엇이 있는지 살펴보세요.

상황 31. 공항 시설 이용·보안 검색을 받을 때
상황 32. 입국심사·수하물 찾기·세관을 통과할 때
상황 33. 택시 등 대중교통을 이용할 때
상황 34. 길이나 장소 확인이 필요할 때
상황 35. 호텔 등 숙박시설을 이용할 때
상황 36. 식사나 음료를 주문할 때
상황 37. 사무실을 방문했을 때
상황 38. 박람회·전시장 등을 관람할 때
상황 39. 관심 제품·서비스에 대해 정보를 얻을 때
상황 40. 분실·도난·사고를 당했을 때

It takes 20 years to build a reputation and five minutes to ruin it.
If you think about that, you'll do things differently.

– Warren Buffett (워렌 버핏–버크셔 헤더웨이 회장)

명성을 쌓는 데는 20년이 걸리고 그것을 망가뜨리는 데는 5분이 걸린다. 그걸 생각한다면 다르게 행동할 것이다.

상황 31 공항 시설 이용·보안 검색을 받을 때

해외 출장을 나가면서 영어 환경으로 확 전환될 때의 첫 관문이 공항 시설 이용일 겁니다. 여러 가지 표현을 많이 알고 있으면 좋겠지만 오늘 배울 표현들만이라도 잘 익혀 놓으면 큰 불편 없이 해외 출장과 여행을 할 수 있을 거예요.

Biz 공감 문장을 찾아라

다음 상황 해결사 문장들 중 내가 스피킹하고 싶은 공감 문장에 체크하고, 주어진 단어를 활용해 영어로 말해 보세요.

☑ 1 이 지도 그냥 가져가도 되나요?   free to take

☐ 2 제 자리를 통로 쪽에서 창가 쪽으로 바꿀 수 있을까요?   from aisle to window

☐ 3 시카고행 비행기 탑승구가 16번이라고 하셨나요, 60번이라고 하셨나요?   Gate Sixteen or Sixty

☐ 4 이 작은 가방 두 개는 그냥 들고 탈 수 있을까요?   on board

☐ 5 이 공항에 물품 보관소가 있나요?   a luggage storage service

☐ 6 태블릿도 꺼내야 하는지요?   take my tablet PC out

☐ 7 금속 같은 건 없을 텐데 한번 확인해보죠.   anything metal on me

☐ 8 (보안검색대에서) 제가 어깨를 다쳐서 팔을 쭉 벌리기가 힘듭니다.   a shoulder injury

문장이 잘 안 만들어진다면 어떻게 말하면 되는지 지금부터 알아볼까요?

청크로 스피킹을 확장하라

문장을 영어 어순에 따라 조금씩 확장하며 말해 보세요.

1 이 지도 그냥 가져가도 되나요?

Are these maps / free to take?

이 지도들은 ~인가요   무료로 가져도 되는

> 공항 안내데스크 같은 곳에 무료 지도 등이 비치되어 있습니다. 이렇게 지도 외에도 어떤 물품을 무료로 가져가도 되는지 물을 때는 「Is/Are (something) free to take?」 구문을 활용할 수 있습니다.

2 제 자리를 통로 쪽에서 창가 쪽으로 바꿀 수 있을까요?

Can I change my seat / from aisle to window?

내 자리를 바꿀 수 있나요   통로 쪽에서 창가 쪽으로

> 창가 쪽에 앉고 싶은데 탑승수속에서 통로 쪽으로 자리가 배정됐을 때 이렇게 물어볼 수 있습니다.
> ~에서 …로 자리를 바꾸다 change one's seat from ~ to …

3 시카고행 비행기 탑승구가 16번이라고 하셨나요, 60번이라고 하셨나요?

Did you say Gate 16 or 60 / for the flight to Chicago?

탑승구가 16번이라 했나요, 60번이라 했나요   시카고행 비행기의

> 해외 공항에서 영어로 나오는 안내방송이나 직원들의 안내가 잘 들리지 않을 때가 있는데요. 특히 비슷한 발음의 숫자를 재차 확인할 때 쓰는 유용한 표현이므로 꼭 알아두세요.

4 이 작은 가방 두 개는 그냥 들고 탈 수 있을까요?

Can I carry these two small bags / on board?

이 작은 가방 두 개를 휴대할 수 있을까요   탑승할 때

> 비행기 내에 휴대하고 탈 수 있는 가방의 크기가 비행사마다 다르기 때문에 공항에서 탑승수속을 밟을 때 이런 표현은 꼭 알아둬야 합니다.
> ~을 기내에 휴대하다 carry (something) on board

■ 5 이 공항에 물품 보관소가 있나요?

Is there a luggage storage service / at this airport?
물품 보관소가 있나요　　　　　　　　　　이 공항에

> 업무차 해외로 나갈 때 한 지역에서 잠시 일을 보고 다른 지역으로 바로 이동할 경우가 있을 겁니다. 그럴 때 짐을 다 들고 다니지 말고 공항 물품 보관소를 이용하면 좋겠지요.
> 물품 보관소 a luggage storage service

■ 6 태블릿도 꺼내야 하는지요?

Do I have to / take my tablet PC out, too?
~해야 되나요　　　내 태블릿 PC도 꺼내는지

> 공항 보안검색대에서 가방 등을 검색대에 올려 놓을 때 가방에서 노트북 이외에 다른 전자기기도 꺼내야 하는지 확인할 때 유용한 표현이죠.
> ~을 꺼내다 take (something) out

■ 7 금속 같은 건 없을 텐데 한번 확인해 보죠.

I don't think / I have anything metal on me / but let me check.
~ 아닐 것 같은데요　　금속 같은 게 내게 있는
하지만 확인해 보죠

> 공항 보안검색대의 금속 탐지기를 거칠 때 삑 소리가 나서 당황스러울 때가 있지요. 그럴 때 활용할 수 있는 표현입니다. '금속 같은 것'은 anything metal로 표현할 수 있고요, '확인해 보겠습니다'는 let me check으로 다른 상황에서도 활용할 수 있습니다.

■ 8 (보안검색대에서) 제가 어깨를 다쳐서 팔을 쭉 벌리기가 힘듭니다.

I have a shoulder injury / and can't fully hold my arms out.
나는 어깨를 다쳤습니다　　　그래서 팔을 쭉 벌릴 수가 없어요

> 공항 보안검색대를 통과하는데 몸이 좀 불편해서 곤란할 경우가 있죠. 그럴 때 유용한 표현입니다.
> 팔을 벌리다 hold one's arms out

31 공항 시설 이용·보안 검색을 받을 때　221

낭독 훈련으로 문장을 체화하라

이번에는 문장을 처음부터 끝까지 죽 이어서 듣고 강세와 청크에 유의하며 따라서 말해 보세요. (천천히 5회, 빨리 5회)

Coaching

1 이 지도 그냥 가져가도 되나요?

Are these maps / free to take?

2 제 자리를 통로 쪽에서 창가 쪽으로 바꿀 수 있을까요?

Can I change my seat / from aisle to window?

일반의문문으로 문장 끝에서 억양이 올라가게 됩니다. Can I 부분이 연음되어 [캐나이]같이 발음되고요, aisle의 발음은 [아일]로 's'가 묵음이 됩니다.

3 시카고행 비행기 탑승구가 16번이라고 하셨나요, 60번이라고 하셨나요?

Did you say Gate 16 or 60 / for the flight to Chicago?

선택의문문에서 A or B의 억양은 A에서 올라갔다가 B에서 내려오게 됩니다. sixteen과 sixty를 잘 구분하여 정확하게 발음해 주고요, for와 flight의 [r] 발음에 주의하세요.

4 이 작은 가방 두 개는 그냥 들고 탈 수 있을까요?

Can I carry these two small bags / on board?

222 PART **4** Business Traveling

5 이 공항에 물품 보관소가 있나요?

Is there a **luggage** storage service / at this **airport**?

Coaching

역시 일반의문문으로 문장 끝의 억양이 올라갑니다. luggage storage에서 중복되어 나오는 [dʒ] 발음에 주의하여 한 단어씩 제대로 발음하도록 연습하세요.

6 태블릿도 꺼내야 하는지요?

Do I have to / take my **tablet** PC out, **too**?

7 금속 같은 건 없을 텐데 한번 확인해 보죠.

I **don't** think / I have anything **metal** on me / but **let** me check.

don't의 [t]는 거의 사라지는데 부정문을 나타내기 위해 don't에 강세가 가게 됩니다. metal의 [t]는 [r]로 약화되고요, let me에서는 [t]가 뒤의 [m]의 영향을 받아 [렘미]처럼 발음됩니다. think와 anything의 [θ] 발음, check의 [tʃ] 발음에 주의하세요.

8 제가 어깨를 다쳐서 팔을 벌리기가 힘이 듭니다.

I have a **shoulder injury** / and **can't** fully hold my arms **out**.

성공 비즈니스톡에 도전하라

해결사 문장들을 실제 비즈니스 대화에서 활용해 봅시다. 우리말 부분을 1초 내로 말할 수 있는지 확인해 보세요.

31-03

📢 Talk 1

A: Do you have any bags to check?

B: 이 작은 가방 두 개는 그냥 들고 탈 수 있을까요?

A: I think you need to check at least the larger one.

B: Oh, I thought it was small enough for carry-on.

check (짐 등을) 맡기다, 부치다 / at least 최소한 / carry-on 휴대용 가방

📢 Talk 2

A: Have you emptied all your pockets?

B: Yes, 금속 같은 건 없을 텐데 한번 확인해 보죠.

A: OK, go through, please.

B: Yes, sir.

empty 텅 비게 하다 / go through 통과하다, 거치다

Talk 1
A: 부치실 가방 있으세요?
B: **Can I carry these two small bags on board?**
A: 적어도 좀 큰 거는 체크하셔야 되겠는데요.
B: 그래요? 그냥 기내에 갖고 탈 수 있을 정도로 작은 줄 알았는데요.

Talk 2
A: 주머니 다 비우셨어요?
B: 네, **I don't think I have anything metal on me but let me check.**
A: 좋아요, 지나가 주세요.
B: 네, 알겠습니다.

상황 32 입국심사·수하물 찾기·세관을 통과할 때

다른 건 몰라도 입국심사에서 자주 묻는 질문에 대한 답변은 반드시 숙지해 놔야 합니다. 우물쭈물하다가 괜한 의심을 살 수도 있으니까요. 수하물을 찾고 세관을 통과할 때 활용할 수 있는 표현들을 이번 토픽에서 잘 알아두세요.

Biz 공감 문장을 찾아라

다음 상황 해결사 문장들 중 내가 스피킹하고 싶은 공감 문장에 체크하고, 주어진 단어를 활용해 영어로 말해 보세요.

☑ 1 사업차 방문했습니다.   on business

☐ 2 비즈니스 컨벤션에 참석하는데요.   a business convention

☐ 3 더블 트리 호텔에 사흘간 머물 예정입니다.   be staying at

☐ 4 저기요, 그거 제 가방인 것 같은데요.   that's my bag

☐ 5 죄송합니다. 제 건줄 알았어요.   it was mine

☐ 6 스카이 캡이나 포터는 어디에 있는지요?   a skycap or a porter

☐ 7 그것들은 방문할 사람에게 줄 샘플입니다.   the person I came to meet

☐ 8 이게 금지 품목인지 몰랐고요. 그냥 단순한 실수일 뿐입니다.   not allowed, an honest mistake

문장이 잘 안 만들어진다면 어떻게 말하면 되는지 지금부터 알아볼까요?

청크로 스피킹을 확장하라

문장을 영어 어순에 따라 조금씩 확장하며 말해 보세요.

1 사업차 방문했습니다.

I'm here / on business.

여기 왔습니다   사업차

> 입국심사에서 입국심사관이 What's the purpose of your visit, business or pleasure? 라고 방문 목적을 물어볼 때 가장 무난한 답변이 이 표현입니다.

2 비즈니스 컨벤션에 참석하는데요.

I'm attending a business convention.

나는 비즈니스 컨벤션에 참석합니다

> 입국심사에서 방문 목적에 대한 답변으로 많이 활용할 수 있는 표현입니다. 이 문장처럼 현재진행형으로 가까운 미래를 표현할 수 있습니다.
> ~에 참석하다 attend

3 더블 트리 호텔에 사흘간 머물 예정입니다.

I'll be staying / at the Double Tree hotel /

나는 머무를 것입니다   더블 트리 호텔에

for three days.

사흘 동안

> 입국심사에서 물어보는 대표적인 질문 중 하나가 방문 중 머물 곳, 숙소인데요. '~에 머물 것이다'로 'I'll be staying at ~」 구문을 쓰면 됩니다.

4 저기요, 그거 제 가방인 것 같은데요.

Excuse me, / I think / that's my bag.

저기요   ~인 것 같아요 그것은 제 가방입니다

> 수하물 찾는 곳(Baggage Claim)에서는 가방이 비슷해서 잘못 가져가는 경우도 생기는데, 누가 자기 가방을 가져가려 할 때 I think ~를 써서 '~인 것 같은데요'로 표현해 보세요.

226 PART **4** Business Traveling

5 죄송합니다, 제 건줄 알았어요.

I'm sorry, / I thought / it was mine.

죄송합니다　　～라고 생각했어요　그것이 제 것이라고

수하물 찾는 곳에서 다른 사람의 가방을 잘못 가져가는 실수를 했을 때 바로 활용할 수 있는 표현입니다. '～인 줄 알았어요'는 I thought ～로 표현하면 됩니다.

6 스카이 캡이나 포터는 어디에 있는지요?

Where can I / find a skycap or a porter?

어디서 ～할 수 있나요　스카이 캡이나 포터를 찾는

가져간 짐이 많거나 단체로 이동할 때 스카이 캡 또는 포터를 부를 수 있습니다. 이것들을 어디서 이용할 수 있는지 물어볼 때 쓸 수 있는 표현입니다.

7 그것들은 방문할 사람에게 줄 샘플입니다.

Those are samples / for the person /

그것들은 샘플입니다　　　　　그 사람을 위한

I came to meet.

내가 방문해서 만날

해외 출장에 샘플 제품을 가져갈 수도 있는데, 세관에서 설명을 요구할 때 유용하게 쓸 수 있는 표현입니다.

8 이게 금지 품목인지 몰랐고요, 그냥 단순한 실수일 뿐입니다.

I didn't know / this item was not allowed /

나는 몰랐습니다　　이 품목이 허락되지 않는지

— just an honest mistake.

그냥 단순한 실수일 뿐입니다

세관(Customs)에서 발생할 수 있는 상황으로 금지 품목을 모르고 반입했을 때 당황하지 말고 단순한 실수라고 초기에 대응하는 게 좋습니다. 다른 의도가 없는, 단순한 실수는 honest mistake라고 합니다.

낭독 훈련으로 문장을 체화하라

이번에는 문장을 처음부터 끝까지 죽 이어서 듣고 강세와 청크에 유의하며 따라서 말해 보세요. (천천히 5회, 빨리 5회)

Coaching

■ 1 사업차 방문했습니다.

I'm **here** / on **business**.

■ 2 비즈니스 컨벤션에 참석하는데요.

I'm **attending** a business **convention**.

■ 3 더블 트리 호텔에 사흘간 머물 예정입니다.

I'll be **staying** / at the **Double** Tree **hotel** / for **three** days.

staying에서 [t]에 경음화가 일어나 [스떼잉]처럼 발음됩니다. at the에서는 at의 [t]가 뒤에 오는 비슷한 발음과 겹쳐 탈락하게 됩니다. days에서 명사 복수형 어미 's' 발음 빼먹지 마세요.

■ 4 저기요, 그거 제 가방인 것 같은데요.

Excuse me, / I **think** / that's **my** bag.

쉼표 뒤에 잠깐 끊어 읽기를 하고요. '나의' 가방을 강조하기 위해 my 부분에 강세가 주어지게 됩니다. think의 [θ] 발음에 주의하세요.

훈련 횟수 및 암송 확인 체크

228 PART **4** Business Traveling

🎧 32-02

Coaching

5 죄송합니다, 제 건줄 알았어요.

I'm **sorry**, / I **thought** / it was **mine**.

6 스카이 캡이나 포터는 어디에 있는지요?

Where can I / find a **skycap** or a **porter**?

find a와 or a 부분에 연음이 일어나고요, skycap은 [k]가 경음화되어 [스까이캡]처럼 발음됩니다.

7 그것들은 방문할 사람에게 줄 샘플입니다.

Those are **samples** / for the **person** / I came to **meet**.

8 이게 금지품목인지 몰랐고요, 그냥 단순한 실수일 뿐입니다.

I **didn't** know / this item was **not** allowed / — just an **honest mistake**.

not allowed에서는 [t]가 약화되고 not에 강세가 옵니다. allowed의 과거형 어미 '-ed' 발음 빼먹지 마세요. just an에서 연음이 일어나고요, honest mistake에서 [st] 발음이 약화됩니다.

32 입국심사 · 수하물 찾기 · 세관을 통과할 때 229

성공 비즈니스톡에 도전하라

해결사 문장들을 실제 비즈니스 대화에서 활용해 봅시다. 우리말 부분을 1초 내로 말할 수 있는지 확인해 보세요.

 Talk 1

A: What are these?

B: 그것들은 방문할 사람에게 줄 샘플입니다.

A: What are their estimated value?

B: I guess around 200 dollars.

estimated 추측의, 견적의 / around 대략

 Talk 2

A: Sir, this is a restricted item.

B: Oh, really? 이게 금지 품목인지 몰랐고요. 그냥 단순한 실수일 뿐입니다.

A: Well, we'll have to confiscate this.

restricted 금지된 / confiscate 압수(몰수)하다

Talk 1
A: 이것들은 뭔가요?
B: **Those are samples for the person I came to meet.**
A: 가격을 추정하면 얼마가 되지요?
B: 한 200불 정도 되는 것 같은데요.

Talk 2
A: 선생님, 이건 금지 품목입니다.
B: 오, 정말요? **I didn't know this item was not allowed — just an honest mistake.**
A: 음, 저희가 압수 조치를 취해야만 합니다.

230 PART 4 Business Traveling

상황 33 택시 등 대중교통을 이용할 때

알면 편리하고 모르면 고생하게 되는 게 대중교통 이용일 것입니다. 해외에서 대중교통 이용 시 알아두면 좋을 표현들이 많겠지만 오늘 배울 표현들만이라도 잘 활용하면 보다 여유 있는 여행이나 출장이 될 것입니다.

Biz 공감 문장을 찾아라

다음 상황 해결사 문장들 중 내가 스피킹하고 싶은 공감 문장에 체크하고, 주어진 단어를 활용해 영어로 말해 보세요.

✓ 1 (주소를 보여주며) 이 장소로 가는데 선택 가능한 대중교통편이 어떤 게 있나요?   my transportation options

☐ 2 이 주소로 가는 제일 좋은 방법 좀 추천해 주시겠어요?   recommend the best way

☐ 3 (다인승) 밴 택시가 여기 있나요?   van taxies

☐ 4 택시로 이 주소까지 좀 먼 거리일까요?   a long ride

☐ 5 조금만 더 앞으로 가서 세워 주실래요?   pulling up

☐ 6 힐튼 호텔 가는 셔틀버스가 여기 정차하나요?   the shuttle bus to the Hilton hotel

☐ 7 버스 타고 돈을 내나요, 아니면 표를 먼저 사야 하나요?   pay on the bus

☐ 8 중앙역을 가는데요, 이 역이 제가 환승해야 할 역이 맞나요?   the Central Station, at the right station to transfer

문장이 잘 안 만들어진다면 어떻게 말하면 되는지 지금부터 알아볼까요?

청크로 스피킹을 확장하라

문장을 영어 어순에 따라 조금씩 확장하며 말해 보세요.

1 (주소를 보여주며) 이 장소로 가는데 선택 가능한 대중교통편이 어떤 게 있나요?

What are my transportation options / to this place?
내 대중교통편 선택에 어떤 것들이 있나요   이 장소까지

> 공항 안내데스크 같은 곳에서 이동할 장소에 대한 대중교통편 정보를 얻으려고 할 때 활용할 수 있는 표현입니다.
> 선택 가능한 대중교통편 transportation options

2 이 주소로 가는 제일 좋은 방법 좀 추천해 주시겠어요?

Can you recommend the best way / to get to this address?
제일 좋은 방법을 추천해 줄래요   이 주소에 가는

> '~하는 가장 좋은 방법을 추천해 주시겠어요?'는 「Can you recommend the best way to+동사원형 ~?」 구문을 활용할 수 있습니다.
> ~에 도착하다 get to

3 (다인승) 밴 택시가 여기 있나요?

Are there van taxies available?
이용 가능한 밴 택시가 있나요

> 짐이 많거나 일행이 여럿 있을 때 이용할 수 있는 승합차 같은 택시를 a van taxi라고 합니다. '이용 가능한'의 형용사 available은 명사 뒤에서 수식하는 것이 더 영어다운 표현입니다.

4 택시로 이 주소까지 좀 먼 거리일까요?

Will it be a long ride / to this address / by taxi?
먼 길일까요   이 주소까지   택시로

> 잘 모르는 장소로 이동할 때 택시를 많이 이용하겠지만 요금 문제도 고려해야 하기 때문에 출발 전에 이렇게 물어보고 탈 수도 있습니다.
> 택시로 by taxi

5 조금만 더 앞으로 가서 세워 주실래요?

Would you mind pulling up / a little further?
　　세워 주시겠어요　　　　　　　　조금만 더 앞으로

> 택시 등을 이용해 목적지에 도착해서 내릴 때 좀 더 내리기 쉬운 곳에 세워 달라는 부탁을 이렇게 표현할 수 있습니다. '차량을 멈추다'로 pull up이란 표현을 쓰기도 합니다.

6 힐튼 호텔 가는 셔틀버스가 여기 정차하나요?

Does the shuttle bus to the Hilton hotel /
　힐튼 호텔 행 셔틀버스가
stop here?
　여기 멈추나요

> '~로 가는 버스'라고 할 때 「bus to+목적지」를 쓰면 됩니다. 호텔 이름 앞에는 정관사 the를 붙이는 것에 주의하세요.

7 버스 타고 돈을 내나요, 아니면 표를 먼저 사야 하나요?

Do I pay on the bus / or should I buy a ticket
　버스에서 돈을 지불하나요　　　아니면 먼저 표를 사야 하나요
first?

> 버스 등을 이용할 때 요금 지불 방식이 지역마다 다른 경우가 많지요. 대중교통을 좀 더 원활히 이용하기 위해 꼭 알아야 할 표현입니다.
> 버스에 타서 돈을 내다 pay on the bus

8 중앙역을 가는데요, 이 역이 제가 환승해야 할 역이 맞나요?

I'm going to the Central Station / and am I at
　나는 중앙역에 갑니다　　　　　　　그리고 내가 맞는 역에
the right station / to transfer?
　있나요　　　　　　환승을 할

> 지하철 등을 이용하면서 환승해야 할 역이 맞는지 확인할 때 활용할 수 있는 표현입니다. 「Am I at the right (장소) to+동사원형?」 구문을 써서 '~할 (장소)가 맞나요?'를 표현할 수 있습니다.

낭독 훈련으로 문장을 체화하라

이번에는 문장을 처음부터 끝까지 죽 이어서 듣고 강세와 청크에 유의하며 따라서 말해 보세요. (천천히 5회, 빨리 5회)

Coaching

1 (주소를 보여주며) 이 장소로 가는데 선택 가능한 대중교통편이 어떤 게 있나요?

What are my transportation **options** / to this **place**?

2 이 주소로 가는 제일 좋은 방법 좀 추천해 주시겠어요?

Can you **recommend** the **best** way / to get to this **address**?

일반의문문으로 문장 끝에서 올라가는 억양이 되겠고요, recommend the에서 [d]가 뒤에 오는 비슷한 음 [ð]와 겹쳐서 탈락합니다. best way에서는 [st] 발음이 약화되고, get to 부분은 같은 [t]가 두 개 겹쳐 하나가 탈락하게 됩니다. this address는 연음되어 [디-쌔드레스]같이 발음됩니다.

3 (다인승) 밴 택시가 여기 있나요?

Are there **van** taxies **available**?

4 택시로 이 주소까지 좀 먼 거리일까요?

Will it be a **long** ride / to this **address** / by **taxi**?

일반의문문으로 문장 끝에서 억양이 올라가고요, long ride에서 [l]과 [r]을 잘 구별하여 발음하도록 하세요.

훈련 횟수 및 암송 확인 체크

234 PART **4** Business Traveling

🎧 33-02

Coaching

■ 5 조금만 더 앞으로 가서 세워 주실래요?

Would you mind pulling up / a little **further**?

역시 일반의문문으로 문장 끝의 억양이 올라갑니다. Would you mind에서 Would you는 [우쥬]로 연음되고, mind의 [d]가 약화됩니다. up a는 연음되고 [p]가 경음화되어 [어뻐]처럼 발음됩니다. little의 [t]는 [r]로 약화되어 [리를]처럼 발음됩니다.

■ 6 힐튼 호텔 가는 셔틀버스가 여기 정차하나요?

Does the shuttle bus to the **Hilton** hotel / stop **here**?

■ 7 버스 타고 돈을 내나요, 아니면 표를 먼저 사야 하나요?

Do I pay on the **bus** / or should I buy a **ticket first**?

접속사 or 앞에서 절이 나뉠 때 한 번 끊어 읽기를 해줍니다. should I 부분이 빠르게 발음되면 [d]가 [r]로 약화되어 [슈라이]처럼 발음됩니다. first의 [f] 발음에 주의하세요.

■ 8 중앙역을 가는데요, 이 역이 제가 환승해야 할 역이 맞나요?

I'm going to the Central Station / and am I at the **right** station / to **transfer**?

33 택시 등 대중교통을 이용할 때 235

성공 비즈니스톡에 도전하라

해결사 문장들을 실제 비즈니스 대화에서 활용해 봅시다. 우리말 부분을 1초 내로 말할 수 있는지 확인해 보세요.

📢 Talk 1

A: Hello sir, how may I help you?

B: 이 장소로 가는데 선택 가능한 대중교통편이 어떤 게 있나요?

A: Well, I would recommend taking the subway since it goes directly there in 20 minutes.

B: OK, where can I buy tickets?

recommend 추천하다 / take the subway 지하철을 타다 / directly 곧바로

📢 Talk 2

A: Would you like some help with something?

B: 중앙역을 가는데요, 이 역이 제가 환승해야 할 역이 맞나요?

A: Yes, this is right. Just keep walking this way until you get to the stairs that go down.

B: Thank you.

keep -ing 계속 ~하다 / stair 계단

Talk 1
A: 안녕하세요, 뭘 도와드릴까요?
B: **What are my transportation options to this place?**
A: 지하철 타는 걸 추천하고 싶네요. 왜냐하면 그곳까지 바로 20분 내에 가거든요.
B: 네, 승차권은 어디서 사나요?

Talk 2
A: 뭐 도움 필요하신 거라도 있으세요?
B: **I'm going to the Central Station and am I at the right station to transfer?**
A: 네, 맞아요. 그냥 이 길로 계속 걸어가시다가 아래로 가는 계단을 이용하세요.
B: 고맙습니다.

236 PART 4 Business Traveling

상황 34 길이나 장소 확인이 필요할 때

한마디 물어보면 쉽게 해결될 일을 주저주저하다 사서 고생하는 경우가 아마 길 묻기일 겁니다. 그래도 모르면 물어봐야죠. 오늘 배울 표현을 잘 활용하여 길을 몰라 곤란을 당하는 일은 없도록 합시다.

Biz 공감 문장을 찾아라

다음 상황 해결사 문장들 중 내가 스피킹하고 싶은 공감 문장에 체크하고, 주어진 단어를 활용해 영어로 말해 보세요.

☑ 1 지도의 이 빌딩이 여기서 가까운지요? 　　Am I close

☐ 2 여기가 제퍼슨 가(街)와 먼로 가(街)가 만나는 모퉁이 맞나요? 　　the corner

☐ 3 이 길 따라가면 렉싱턴 애비뉴가 나오나요? 　　take me to

☐ 4 170번 빌딩이 이 콤플렉스에 있는 것 맞죠? 　　is located in

☐ 5 금융가(金融街)로 가는데 제가 제대로 가고 있나요? 　　the right way to

☐ 6 주변에 이 주소를 찾는데 좀 도와주시겠어요? 　　find this address

☐ 7 존슨 빌딩이 이 근방에 있는지요? 　　around here somewhere

☐ 8 (휴대폰 통화로) 거기 어떻게 가는지 한 번 더 말씀해 주실래요? 　　how to get there

문장이 잘 안 만들어진다면 어떻게 말하면 되는지 지금부터 알아볼까요?

청크로 스피킹을 확장하라

문장을 영어 어순에 따라 조금씩 확장하며 말해 보세요.

1 지도의 이 빌딩이 여기서 가까운지요?

Am I close to this building / on the map?

내가 이 빌딩에 가까운가요　　　　　지도에 있는

> 지도에 있는 위치나 장소를 잘 찾을 수 없어서 물어볼 때 유용한 표현입니다. 한국말로는 '어떤 장소가 가깝냐'로 장소가 주어가 되지만 영어로는 '내가 ~에 가까이 있느냐'는 「Am I close to ~?」로 표현하는 게 정석입니다.

2 여기가 제퍼슨 가(街)와 먼로 가(街)가 만나는 모퉁이 맞나요?

Is this the corner / of Jefferson and Monroe street?

이곳이 모퉁이인가요　　　　제퍼슨과 먼로 가의

> 거리 설명에서 'A와 B가 만나는'은 어렵게 생각하지 말고 of A and B로 표현하면 됩니다.

3 이 길 따라가면 렉싱턴 애비뉴가 나오나요?

Does this street take me / to Lexington Ave?

이 길이 나를 데려다주나요　　　　렉싱턴 애비뉴로

> 자기가 가는 길이 어떤 장소로 연결되는지 확인할 때 쓰는 표현입니다. '~가 나를 …로 데려다주다'의 의미로 「~ take me to + (장소)」 구문을 쓸 수 있습니다.

4 170번 빌딩이 이 콤플렉스에 있는 것 맞죠?

The building 170 is located / in this complex, right?

170번 빌딩이 위치해 있군요　　　　이 콤플렉스에, 맞죠?

> A 장소가 B 장소에 위치하고 있음을 확인하려고 할 때 「(A 장소) is located in (B 장소), right?」으로 표현할 수 있습니다.

238　PART **4** Business Traveling

🎧 34-01

■ 5 금융가(金融街)로 가는데 제가 제대로 가고 있나요?

Am I going the right way / to the financial
내가 맞는 길로 가고 있나요　　　　　금융가 방향으로
district?

자기가 가는 방향이 맞는지 확인할 필요가 있을 때 '~로 내가 맞게 가고 있나요?'라고 묻죠? 그때 「Am I going the right way to ~?」 구문을 쓰면 됩니다.

■ 6 주변에 이 주소를 찾는데 좀 도와주시겠어요?

Would you mind / helping me find this
~해 주시겠어요　　　　　내가 이 주소를 찾는 걸 도와주는
address / around here?
　　　　　　　주변에

'~해 주시겠어요?'를 표현할 때 Would you mind -ing?를 활용하면 무척 정중한 느낌을 줍니다. '누가 ~하는 것을 도와주다'는 「help+(someone)+동사원형」 구문을 쓰세요.

■ 7 존슨 빌딩이 이 근방에 있는지요?

Is the Johnson building / around here
존슨 빌딩이 있나요　　　　　이 근방 어딘가에
somewhere?

어떤 장소에 가까이 있는 것 같은데 잘못 찾는 경우 이렇게 물어볼 수 있습니다.

■ 8 (휴대폰 통화로) 거기 어떻게 가는지 한 번 더 말씀해 주실래요?

Can you tell me / one more time / how to get
말씀해 주실래요　　　한 번 더　　　거기 어떻게 가는지
there?

~를 말해 줄래요? Can you tell me ~?
한 번 더 one more time
어떻게 거기에 도착하는지 how to get there

낭독 훈련으로 문장을 체화하라

이번에는 문장을 처음부터 끝까지 죽 이어서 듣고 강세와 청크에 유의하며 따라서 말해 보세요. (천천히 5회, 빨리 5회)

Coaching

1 지도의 이 빌딩이 여기서 가까운지요?

Am I **close** to this **building** / on the **map**?

2 여기가 제퍼슨 가(街)와 먼로 가(街)가 만나는 모퉁이 맞나요?

Is this the **corner** / of **Jefferson** and **Monroe** street?

일반의문문으로 문장 끝에서 억양이 올라갑니다. street는 앞의 [t]가 경음화되어 [스뜨릿]으로 발음됩니다.

3 이 길 따라가면 렉싱턴 애비뉴가 나오나요?

Does this street **take** me / to **Lexington** Ave?

역시 일반의문문으로 문장 끝이 올라가는 억양이 되고요, this street의 [s]와 street take에서 [t]는 같은 발음이 겹쳐 하나가 탈락하게 됩니다. Ave는 Avenue의 약자로 [애버뉴]라고 읽습니다.

4 170번 빌딩이 이 콤플렉스에 있는 것 맞죠?

The building **170** is located / in this **complex**, **right**?

240 PART **4** Business Traveling

5 금융가(金融街)로 가는데 제가 제대로 가고 있나요?

Am I going the **right** way / to the **financial** district?

6 주변에 이 주소를 찾는데 좀 도와주시겠어요?

Would you mind / **helping** me **find** this address / around **here**?

Would you는 연음되어 [우쥬]처럼 발음되고요, mind helping에서 [d]도 약화됩니다. find this에서는 [d]가 뒤에 오는 비슷한 자음 때문에 탈락하고요, this address는 [다-쌔드레스]처럼 연음이 일어납니다.

7 존슨 빌딩이 이 근방에 있는지요?

Is the **Johnson** building / around here **somewhere**?

8 (휴대폰 통화로) 거기 어떻게 가는지 한 번 더 말씀해 주실래요?

Can you **tell** me / **one** more time / how to get there?

일반의문문으로 문장 끝에서 올라가는 억양이 됩니다. Can you는 연음되어 [캐뉴]처럼 발음되고요, how to 부분이 빠르게 발음되면 [t]가 [r]로 약화되어 [하우르]같이 발음됩니다. get there의 [t]는 비슷한 발음 [ð]를 만나 탈락하게 되고요.

성공 비즈니스톡에 도전하라

 34-03

해결사 문장들을 실제 비즈니스 대화에서 활용해 봅시다. 우리말 부분을 1초 내로 말할 수 있는지 확인해 보세요.

📢 Talk 1

A: Yes, may I help you?

B: 존슨 빌딩이 이 근처에 있나요?

A: I think that building is the Johnson building, the one right behind this building in front of you.

B: I see. Thank you.

right behind 바로 뒤 / in front of ~의 앞에

📢 Talk 2

(talking over a cellphone)

A: Did you already arrive?

B: No. 거기 어떻게 가는지 한 번 더 말씀해 주실래요? I can't seem to find it.

A: Can you see the big white building?

B: Yes.

A: Turn right there and walk half a block. You can't miss it.

seem ~인 것 같다 / miss 놓치다

Talk 1

A: 네, 뭐 도와드릴까요?
B: **Is the Johnson building around here somewhere?**
A: 저 빌딩이 존슨 빌딩인 것 같은데요. 앞쪽의 이 빌딩 바로 뒤 건물이요.
B: 알겠습니다. 감사합니다.

Talk 2

(휴대폰으로 통화하면서)
A: 벌써 도착했어요?
B: 아뇨. **Can you tell me one more time how to get there?** 제가 지금 길을 잘 못 찾겠네요.
A: 흰색 큰 빌딩 보이세요?
B: 네.
A: 거기서 우회전해서 반 블록 걸어 오세요. 바로 보일겁니다.

상황 35 호텔 등 숙박시설을 이용할 때

사실 호텔 등의 숙박시설을 이용할 때 영어가 많이 필요하거나 하진 않아요. 자기 볼일만 보고 지불만 잘하면 큰 문제가 없으니까요. 하지만 어쩌다 꼭 영어가 필요한 상황이 있습니다. 오늘은 이럴 경우에 활용할 수 있는 표현을 익혀 봅시다.

Biz 공감 문장을 찾아라

다음 상황 해결사 문장들 중 내가 스피킹하고 싶은 공감 문장에 체크하고, 주어진 단어를 활용해 영어로 말해 보세요.

☑ 1 저희 예약 좀 계속 잡고 있어 주실래요?   hold our reservation

☐ 2 도시 전경이 보이는 방으로 주시겠어요?   with a view of the city

☐ 3 5시 반에 모닝콜 부탁합니다.   wake-up call

☐ 4 내일 아침 8시에 택시를 잡아 주실래요?   arrange a taxi

☐ 5 피자 배달해 주는 곳 전화번호 있으세요?   a number for

☐ 6 복사할 만한 곳이 있는지요?   make some photocopies

☐ 7 이 셔츠와 바지를 어디서 빨리 다림질할 수 있을까요?   get these shirts and pants pressed

☐ 8 공항으로 출발하기 전까지 짐을 여기 맡겨도 되는지요?   leave my bags here

문장이 잘 안 만들어진다면 어떻게 말하면 되는지 지금부터 알아볼까요?

청크로 스피킹을 확장하라

문장을 영어 어순에 따라 조금씩 확장하며 말해 보세요.

1 저희 예약 좀 계속 잡고 있어 주실래요?

Would you hold our reservation?

우리 예약 좀 잡고 있어 주실래요?

> 비행기 연착 등으로 예약한 호텔에 늦게 도착하게 될 때 미리 전화를 해서 예약이 취소되지 않도록 해야겠죠. 예약을 계속 잡고 있어 달라는 의미로 동사 hold를 쓰면 됩니다.

2 도시 전경이 보이는 방으로 주시겠어요?

Can I have a room / with a view of the city?

방을 가질 수 있나요   도시 전경을 가진

> '~을 줄래요?'라는 의미로 외국인들은 「Can I have ~?」 구문을 많이 씁니다.
> 도시 전경이 보이는 방 a room with a view of the city

3 5시 반에 모닝콜 부탁합니다.

I'd like a five thirty wake-up call, / please.

5시 반에 모닝콜을 원합니다   부탁합니다

> 호텔 프론트 데스크에 요청하는 서비스 중 대표적인 것이 wake-up call입니다. 스마트폰에 알람 기능이 있지만 중요한 미팅에 실수가 있으면 안 되겠죠. 이중 안전장치로 모닝콜 요청 표현을 꼭 알아둡시다.

4 내일 아침 8시에 택시를 잡아 주실래요?

Could you arrange a taxi / at 8 a.m. tomorrow morning?

택시를 잡아 줄래요   내일 아침 8시에

> 호텔 프론트 데스크에 콜택시 서비스를 신청할 때 활용할 수 있는 표현입니다.
> 택시를 잡다 arrange a taxi

244 PART 4 Business Traveling

 🎧 35-01

■ **5** 피자 배달해 주는 곳 전화번호 있으세요?

Do you have a number / for pizza delivery?

전화번호가 있나요　　　　　　피자 배달을 위한

호텔 방에서 뭘 좀 시켜 먹으려고 할 때 프론트 데스크에 연락해서 이렇게 물어볼 수 있습니다.
~에 대한 전화번호 a number for

■ **6** 복사할 만한 곳이 있는지요?

Is there any place / to make some photocopies?

아무 장소가 있나요　　　　복사를 할 만한

해외 출장 중에 서류를 복사하거나 프린트를 해야 하는 경우가 생길 수 있는데 이때 쓸 수 있는 표현입니다.
~하는 곳이 있나요? Is there any place to+동사원형 ~?
복사하다 make photocopies

■ **7** 이 셔츠와 바지를 어디서 빨리 다림질할 수 있을까요?

Where can I / get these shirts and pants

어디서 ~할 수 있나요　　이 셔츠와 바지를 다리는

pressed / quickly?

　　　　　　빨리

해외로 비즈니스 출장을 다니다 보면 가방에 넣은 옷들이 구겨질 때가 많죠. 호텔 같은 데서 다림질 서비스를 이용하려고 할 때 유용한 표현입니다. 동사 press에 '누르다'의 뜻이 있는데 get ~ pressed라고 하면 '다림질하다'로 표현할 수 있습니다.

■ **8** 공항으로 출발하기 전까지 짐을 여기 맡겨도 되는지요?

Can I leave my bags here / until I have to go /

내 짐을 여기 놔둬도 되나요　　　　　내가 가야만 하기까지

to the airport?

공항에

비행기 출발 시간까지 시간 여유가 있어서 구경을 하려고 할 때 호텔에 짐을 맡겨 놓을 수 있지요. 이런 경우 활용할 수 있는 표현입니다.
짐을 맡겨 두다 leave one's bag

낭독 훈련으로 문장을 체화하라

이번에는 문장을 처음부터 끝까지 죽 이어서 듣고 강세와 청크에 유의하며 따라서 말해 보세요. (천천히 5회, 빨리 5회)

Coaching

1 저희 예약 좀 계속 잡고 있어 주실래요?

Would you **hold** our **reservation**?

일반의문문으로 문장 끝의 억양이 올라갑니다. Would you는 [우쥬]처럼 연음되고요, hold our 부분도 [홀다월]같이 연음됩니다. our reservation에서는 [r]이 두 개 겹쳐 하나가 탈락하게 됩니다.

2 도시 전경이 보이는 방으로 주시겠어요?

Can I have a **room** / with a **view** of the **city**?

3 5시 반에 모닝콜 부탁합니다.

I'd like a **five** thirty **wake-up** call, / please.

wake-up은 연음과 경음화로 [웨이껍]처럼 발음되고, 쉼표 뒤 please 앞에서 잠깐 끊어 읽습니다. 모닝콜의 시간이 중요하니 five thirty를 또박또박 발음하도록 합니다.

4 내일 아침 8시에 택시를 잡아 주실래요?

Could you arrange a **taxi** / at **8 a.m. tomorrow** morning?

246 PART **4** Business Traveling

5 피자 배달해 주는 곳 전화번호 있으세요?

Do you have a **number** / for pizza **delivery**?

Coaching

일반의문문으로 문장 끝의 억양이 올라가고요, pizza의 발음은 '피자'가 아니고 '핏-쩌'에 가깝게 발음되는 것에 주의합니다.

6 복사할 만한 곳이 있는지요?

Is there any **place** / to make some **photocopies**?

7 이 셔츠와 바지를 어디서 빨리 다림질할 수 있을까요?

Where can I / get these **shirts** and **pants** pressed / **quickly**?

get these에서 get의 [t]가 약화되고요, these shirts에서도 these의 [z]가 뒤의 자음 [ʃ]와 부딪혀 약화됩니다. shirts와 pants에서 복수형 어미 '-s', pressed에서 과거분사형 어미 '-ed'의 발음을 빼먹지 마세요.

8 공항으로 출발하기 전까지 짐을 여기 맡겨도 되는지요?

Can I **leave** my bags **here** / until I have to go / to the **airport**?

35 호텔 등 숙박시설을 이용할 때　247

성공 비즈니스톡에 도전하라

해결사 문장들을 실제 비즈니스 대화에서 활용해 봅시다. 우리말 부분을 1초 내로 말할 수 있는지 확인해 보세요.

📢 Talk 1

A: Starwest Hotel, how may I help you?

B: This is Kevin Kwon. 저희 예약 좀 계속 잡고 있어 주실래요?
   We may be a little late.

A: Kwon is the name you made the reservation under?

B: Yes, that's K-W-O-N.

make a reservation 예약을 하다 / under the name ~라는 이름으로

📢 Talk 2

A: Sir, you're all set. Here's your room key.

B: 내일 아침 8시에 택시를 잡아 주실래요?

A: Sure, I'll make the call right now. Where will you be going?

B: Just a second. Here.
   This is the address I'm going to.

all set 준비가 다 된 / make a call 전화를 걸다

Talk 1
A: 스타웨스트 호텔입니다. 뭘 도와드릴까요?
B: 저는 케빈 권인데요. **Would you hold our reservation?** 저희가 좀 늦을 것 같습니다.
A: 권이라는 이름으로 예약하셨나요?
B: 네, 철자는 K-W-O-N이에요.

Talk 2
A: 네, 다 됐습니다. 방 열쇠 여기 있고요.
B: **Could you arrange a taxi at 8 a.m. tomorrow morning?**
A: 네, 그러죠. 지금 연락을 해놓을게요. 행선지가 어디신지요?
B: 잠깐만요. 여기요.
   이게 제가 가는 주소예요.

상황 36 식사나 음료를 주문할 때

해외 출장과 여행에서 맛있는 음식이나 음료는 빼놓을 수 없는 즐거움일 겁니다. 메뉴판이나 주위를 둘러보고 손짓으로 간단히 주문할 수도 있지만 오늘 이 표현들을 잘 익혀 두면 식사나 음료 주문을 우아하고 품위 있게 할 수 있을 거예요.

Biz 공감 문장을 찾아라

다음 상황 해결사 문장들 중 내가 스피킹하고 싶은 공감 문장에 체크하고, 주어진 단어를 활용해 영어로 말해 보세요.

☑ 1 좀 간단하게 빨리 되는 메뉴 있나요?   something quick and easy

☐ 2 메뉴 중에 제일 잘 나가는 게 어떤 거예요?   the most popular dish

☐ 3 저는 바닐라 라떼 더블로 주시고요, 저 분은 카푸치노로 주세요.   a double vanilla Latte, a cappuccino

☐ 4 테이블 아직 치우지 마세요.   clear my table

☐ 5 좀 조용한 자리로 앉을 수 있을까요?   seat us

☐ 6 꼭 먹어 봐야 할 지방 고유 음식이 있나요?   a local food

☐ 7 빈 그릇들 좀 치워 주시겠어요?   take our empty dishes away

☐ 8 이것(남은 것) 좀 싸 주시겠어요?   a to-go box

문장이 잘 안 만들어진다면 어떻게 말하면 되는지 지금부터 알아볼까요?

청크로 스피킹을 확장하라

문장을 영어 어순에 따라 조금씩 확장하며 말해 보세요.

1 좀 간단하게 빨리 되는 메뉴 있나요?

Do you have something / quick and easy?
어떤 게 있나요　　　　　　　빠르고 간단하게 되는

시간 여유가 없을 때는 식사도 짧고 간단하게 해야겠죠. 그럴 때 활용할 수 있는 표현입니다. '간단하게 빨리 되는 것'은 something quick and easy로 많이 씁니다.

2 메뉴 중에 제일 잘 나가는 게 어떤 거예요?

What's the most popular dish / on the menu?
가장 인기 있는 음식이 뭐죠　　　　메뉴에서

어떤 메뉴를 골라야 할지 난감할 때 유용한 표현입니다. '제일 잘 나가는 요리'는 다른 말로 제일 인기 있는 요리이므로 the most popular dish로 표현하면 됩니다.

3 저는 바닐라 라떼 더블로 주시고요, 저 분은 카푸치노로 주세요.

For me, I'd like a double vanilla Latte, / and
나는 바닐라 라떼 더블을 원합니다　　　　　그리고

for him, a cappuccino, please.
그에게는 카푸치노 부탁해요

'한국말로는 '저분, 저 사람, 저 이' 등 대상에 따라 지칭하는 대명사가 상당히 많지만 영어에서는 「for+목적격 대명사」로 간단하게 표현됩니다. '달라, 주세요' 이런 말도 please 한 단어로 의미 전달이 되죠.

4 테이블 아직 치우지 마세요.

Please don't clear my table / yet.
제 테이블을 치우지 마세요　　　　아직

전화를 받거나 담배 때문에 잠시 나갔다 왔는데 테이블을 치워 버리면 곤란하겠죠. 나가기 전에 이렇게 한 마디 해주면 그런 일을 방지할 수 있을 것입니다.

5 좀 조용한 자리로 앉을 수 있을까요?

Could you seat us / some place quiet?
우리를 앉혀 주실래요 　　　　좀 조용한 장소로

> 테이블 서비스가 있는 레스토랑에 들어서면서 웨이터에게 부탁할 때 쓰는 표현입니다. seat가 동사로 쓰이면 '~를 앉히다'의 의미가 되고 더 격식을 갖춘 표현이 됩니다.

6 꼭 먹어 봐야 할 지방 고유 음식이 있나요?

Is there a local food / you think / I should try?
지방 고유 음식이 있나요　　　당신이 생각에　　내가 먹어 봐야 할

> 해외 출장을 나간 지역에서 이국적인 음식을 먹어 보는 즐거움은 상당히 큽니다. 그 지방의 고유 음식을 표현할 때 간단하게 local food라고 하면 됩니다.

7 빈 그릇들 좀 치워 주시겠어요?

Would you please / take our empty dishes away?
~해 주시겠어요　　　　우리 빈 접시들을 치워 주는

> 식사를 마치고서 얼마 동안 얘기를 나눌 수도 있는데요. 다 먹은 그릇들이 보기가 좀 그럴 때 보통 빈 그릇을 치워 달라고 하죠. 그런 경우 활용할 수 있는 표현입니다.

8 이것(남은 것) 좀 싸 주시겠어요?

Could you put this / in a to-go box for me?
이것 좀 넣어 주실래요　　　저를 위해 포장용 박스에

> '남은 것을 싸 주다'는 의미로 put (something) in a to-go box란 표현이 있습니다. doggie bag보다 훨씬 나은 표현이지요. 유럽에서는 남은 걸 싸가는 것에 거부감이 있지만 미국에서는 자연스럽습니다.

낭독 훈련으로 문장을 체화하라

이번에는 문장을 처음부터 끝까지 죽 이어서 듣고 강세와 청크에 유의하며 따라서 말해 보세요. (천천히 5회, 빨리 5회)

Coaching

1 좀 간단하게 빨리 되는 메뉴 있나요?

Do you have **something** / **quick** and **easy**?

일반의문문으로 문장 끝의 억양이 올라갑니다. quick and easy 부분에서는 and가 약화돼 발음됩니다. something의 [θ] 발음에 주의하세요.

2 메뉴 중에 제일 잘 나가는 게 어떤 거예요?

What's the most **popular** dish / on the menu?

3 저는 바닐라 라떼 더블로 주시고요, 저 분은 카푸치노로 주세요.

For **me**, I'd like a **double** vanilla Latte, / and for **him**, a **cappuccino**, please.

vanilla는 [버닐라]로 [-닐-]에 강세가 가게 됩니다. latte는 앞에 [라-]에 강세가 가서 [라-테(이)]처럼 발음되고, cappuccino는 [캐푸치노]로 [-차-]에 강세가 가게 됩니다.

4 테이블 아직 치우지 마세요.

Please **don't** clear my table / **yet**.

훈련 횟수 및 암송 확인 체크

252 PART **4** Business Traveling

■ 5 좀 조용한 자리로 앉을 수 있을까요?

Could you seat us / some place quiet?

Coaching

Could you는 연음되어 [쿠쥬]처럼 발음되고요, seat us는 [t]가 [r]로 약화되어 [씨-러스]같이 발음됩니다. 일반의문문으로 문장 끝의 억양이 올라갑니다.

■ 6 꼭 먹어 봐야 할 지방 고유 음식이 있나요?

Is there a local food / you think / I should try?

■ 7 빈 그릇들 좀 치워 주시겠어요?

Would you please / take our empty dishes away?

Would you 부분이 연음되어 [우쥬]처럼 발음되고요, take our와 dishes away에서도 연음 현상이 일어납니다. empty의 [t]는 경음화가 일어나 [엠띠]처럼 발음되고요, dishes에서 명사 복수형 어미 '-es' 발음 빼먹지 마세요.

■ 8 이것(남은 것) 좀 싸 주시겠어요?

Could you put this / in a to-go box for me?

성공 비즈니스톡에 도전하라

해결사 문장들을 실제 비즈니스 대화 속에서 활용해 봅시다. 우리말 부분을 1초 내로 말할 수 있는지 확인해 보세요.

📣 Talk 1

A: Table for how many?

B: Three. 좀 조용한 자리로 앉을 수 있을까요?

A: Absolutely. Right this way, please.

B: Thank you.

absolutely 전적으로, 물론이죠

📣 Talk 2

A: What else can I get for you folks?

B: 빈 그릇들 좀 치워 주시겠어요?

A: Sure and can I interest you in some dessert this evening?

B: Yes, do you have something you'd recommend?

folks 사람들, 여러분 / interest 관심을 끌다, ~을 권하다

Talk 1
A: 몇 분이세요?
B: 세 사람이요. **Could you seat us some place quiet?**
A: 그럼요. 이쪽으로 모시겠습니다.
B: 감사합니다.

Talk 2
A: 뭐 또 필요한 건 없으세요?
B: **Would you please take our empty dishes away?**
A: 네, 알겠습니다. 그리고 저녁 드신 후 디저트는 어떠세요?
B: 좋아요, 뭐 추천해 주실 만한 게 있나요?

254 PART 4 Business Traveling

상황 37 사무실을 방문했을 때

정보통신 기술의 발달로 웬만한 업무는 직접 대면 없이도 처리할 수 있겠지만 꼭 만나서 진행해야 할 일들도 있을 것입니다. 이럴 때 익혀 두고 잘 활용하면 좋을 표현들을 오늘 연습해 봅시다.

Biz 공감 문장을 찾아라

다음 상황 해결사 문장들 중 내가 스피킹하고 싶은 공감 문장에 체크하고, 주어진 단어를 활용해 영어로 말해 보세요.

☑ 1 사무실에 초대해 주셔서 감사합니다.   having us here

☐ 2 드디어 이렇게 직접 뵙게 돼서 반갑습니다.   meet in person

☐ 3 이건 저희 사장님께서 보내신 개인 서신입니다.   a personal letter

☐ 4 인터넷에 연결되도록 도와주시겠어요?   connect to the Internet

☐ 5 계약서에 사인하기 전에 한 번만 더 리뷰를 해 보도록 하죠.   review the contract

☐ 6 결정하기 전에 고위 경영진과 상의를 해봐야 겠습니다.   consult with upper management

☐ 7 돌아가서 논의해 보고 곧 알려드리겠습니다.   let you know soon

☐ 8 시간 내주셔서 감사하고요, 저희 사장님께 안부 전하겠습니다.   give my boss your regards

문장이 잘 안 만들어진다면 어떻게 말하면 되는지 지금부터 알아볼까요?

청크로 스피킹을 확장하라

문장을 영어 어순에 따라 조금씩 확장하며 말해 보세요.

1 사무실에 초대해 주셔서 감사합니다.

Thank you / for having us here.

감사합니다   우리를 여기 초대해 주셔서

> Hi, Hello 등 인사 바로 뒤에 덧붙여 쓸 수 있는 멘트입니다. 특이하게 '여기 ~를 초대하다'는 동사 have를 써서 「have (someone) here」라고 쓸 수 있습니다.

2 드디어 이렇게 직접 뵙게 돼서 반갑습니다.

It's nice to finally meet / in person.

드디어 만나게 되어 좋습니다   직접

> 전화나 화상회의로만 연락하다가 직접 대면하게 됐을 때 첫 인사처럼 활용할 수 있는 표현입니다.
> 드디어 만나다 finally meet
> 직접 in person

3 이건 저희 사장님께서 보내신 개인 서신입니다.

This is a personal letter / for you from our president.

이것은 개인적인 편지입니다   우리 사장님으로부터 당신께 드리는

> 해외 출장에 나가서 개인적인 서신이나 친서를 전달하면서 쓸 수 있는 표현입니다.

4 인터넷에 연결되도록 도와주시겠어요?

Can you help me / connect to the Internet?

나를 도와주시겠어요   인터넷에 연결하는 것을

> 미팅에서 프레젠테이션을 하거나 자료를 보여줄 때 인터넷 연결이 필요한 경우가 있지요. 방문하는 곳마다 인터넷 상황이 다르기 때문에 이 표현을 익혀 두면 유용할 것입니다.

5 계약서에 사인하기 전에 한 번만 더 리뷰를 해보도록 하죠.

Let's review the contract one more time /
한 번 더 계약을 리뷰해 봅시다

before we sign it.
우리가 그것에 사인하기 전에

한 번 더 one more time
서명하다 sign

6 결정하기 전에 고위 경영진과 상의를 해봐야겠습니다.

I need to consult / with upper management /
나는 상의가 필요합니다   고위 경영진과 함께

before making the decision.
결정을 내리기 전에

미팅 중 어떤 사안에 대한 의사결정이 자신의 권한 범위를 넘어설 때 활용할 수 있는 표현입니다.
~와 상의하다 consult with
고위 경영진 upper management

7 돌아가서 논의해 보고 곧 알려드리겠습니다.

When I get back, / we'll discuss it / and let
내가 돌아갈 때   우리가 논의할 것입니다   그리고 곧 당신에게

you know soon.
알려 줄 것입니다

미팅 자리에서 거론하기 애매한 사안에 대해 시간도 벌고 여러 가지 상황을 고려해 보고자 할 때 유용하게 쓸 수 있는 표현입니다.
~에게 알려 주다 let (someone) know

8 시간 내주셔서 감사하고요, 저희 사장님께 안부 전하겠습니다.

Than you for your time / and I'll give my boss
시간 내줘서 감사합니다   그리고 우리 사장님께 안부 전하겠습니다

your regards.

미팅이 끝나고 헤어지면서 하는 인사로 활용할 수 있는 표현입니다. '시간을 내줘서'는 그냥 간단하게 one's time으로 표현하면 되고요, '안부를 전해 주다'로 give one's regards가 있습니다.

낭독 훈련으로 문장을 체화하라

이번에는 문장을 처음부터 끝까지 죽 이어서 듣고 강세와 청크에 유의하며 따라서 말해 보세요. (천천히 5회, 빨리 5회)

Coaching

1 사무실에 초대해 주셔서 감사합니다.

Thank you / for having us **here**.

2 드디어 이렇게 직접 뵙게 돼서 반갑습니다.

It's nice to **finally** meet / in **person**.

'드디어, 직접'의 의미가 강조되기 때문에 finally와 in person 부분에 강세가 주어지게 됩니다. finally의 [f] 발음에 주의하고요, meet in 부분이 빠르게 발음되면 [t]가 약화됩니다.

3 이건 저희 사장님께서 보내신 개인 서신입니다.

This is a **personal** letter / for **you** from our **president**.

This is a 부분이 연음되어 [디-싸-제]처럼 발음됩니다. for, from의 [f] 발음에 주의하세요.

4 인터넷에 연결되도록 도와주시겠어요?

Can you **help** me / connect to the **Internet**?

5 계약서에 사인하기 전에 한 번만 더 리뷰를 해보도록 하죠.

Let's review the **contract one** more time / before we **sign** it.

Coaching

의미 덩어리별로 끊어 읽기를 잘 해 주고요. sign it에서 'it'은 대명사로 강세를 받지 않으며 연음되면서 [싸이닛]처럼 발음됩니다. review 의 [r] 발음에 주의하세요.

6 결정하기 전에 고위 경영진과 상의를 해봐야겠습니다.

I need to **consult** / with **upper** management / before making the **decision**.

need to 부분이 연음될 때 [d] 와 [t]가 부딪혀 [d]가 거의 사라지 게 됩니다. consult with에서도 [t]가 거의 사라지듯 약화되고요. management의 강세가 첫 음절에 있는 것에 주의하세요.

7 돌아가서 논의해 보고 곧 알려드리겠습니다.

When I get **back**, / we'll **discuss** it / and let you know **soon**.

8 시간 내주셔서 감사하고요, 저희 사장님께 안부 전하겠습니다.

Thank you for your **time** / and I'll give my **boss** your **regards**.

성공 비즈니스톡에 도전하라

해결사 문장들을 실제 비즈니스 대화에서 활용해 봅시다. 우리말 부분을 1초 내로 말할 수 있는지 확인해 보세요.

📢 Talk 1

A: Are we ready to sign?

B: 계약서에 사인하기 전에 한 번만 더 리뷰를 해보도록 하죠.

A: I don't feel that's really necessary, but if you insist, let's do that.

B: I just want to be thorough. That's all.

necessary 필요한 / insist 고집하다, 주장하다 / thorough 빈틈없는, 철저한

📢 Talk 2

A: I gather it's going to take some time until we know your final decision.

B: Yes. 돌아가서 논의해 보고 곧 알려드리겠습니다.

A: Alright, we look forward to hearing from you.

B: OK, thanks again and we'll be in touch.

gather 모으다, 이해[짐작]하다 / decision 결정

Talk 1
A: 서명하실 준비되셨는지요?
B: **Let's review the contract one more time before we sign it.**
A: 꼭 그럴 필요는 없는 것 같지만 원하신다면 그렇게 하시죠.
B: 그냥 철저히 하고 싶어서요. 그뿐입니다.

Talk 2
A: 그쪽 최종 결정을 알기까지 시간이 좀 걸리겠네요.
B: 네. **When I get back, we'll discuss it and let you know soon.**
A: 좋습니다. 소식 고대하고 있겠습니다.
B: 네, 다시 한번 감사드리고요, 연락 드리겠습니다.

상황 38 박람회·전시장 등을 관람할 때

해외 출장을 나가 현지에서 보고 듣는 것은 개인적으로도 훌륭한 자산이 될 수 있습니다. 이런 기회를 더욱 값진 경험으로 만들 수 있도록 오늘은 박람회나 전시장에 갔을 때 활용할 수 있는 표현을 익혀 보세요.

Biz 공감 문장을 찾아라

다음 상황 해결사 문장들 중 내가 스피킹하고 싶은 공감 문장에 체크하고, 주어진 단어를 활용해 영어로 말해 보세요.

☑ 1 이 브로슈어 하나 가져가도 되나요?   one of these brochures

☐ 2 여기서 사진 찍는 게 허락되는지요?   Am I allowed

☐ 3 요즘 제일 잘 나가는 브랜드가 어떤 거죠?   the best-selling brand

☐ 4 이런 종류의 디자인이 최신 트렌드인가요?   the latest trend

☐ 5 이 제품의 주 고객층은 누군가요?   your customer base for

☐ 6 이 제품은 어떻게 사용하는지 보여주실래요?   how to use

☐ 7 이 모델에서 제일 좋은 특징을 뭐라고 얘기하시겠어요?   the best features

☐ 8 이 아이템은 언제 아시아 지역에 출시될 예정인가요?   hit stores in Asia

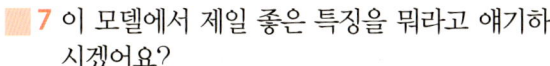

문장이 잘 안 만들어진다면 어떻게 말하면 되는지 지금부터 알아볼까요?

청크로 스피킹을 확장하라

문장을 영어 어순에 따라 조금씩 확장하며 말해 보세요.

1 이 브로슈어 하나 가져가도 되나요?

Can I take one of these brochures?

이들 브로슈어 중 하나를 가져갈 수 있나요

(내가) ~해도 되나요? Can I ~?
~을 가져가다 take (something)

2 여기서 사진 찍는 게 허락되는지요?

Am I allowed / to take a picture here?

허락이 되는지요　　　여기서 사진을 찍는 것이

어떤 특정 구역에서나 특정 대상에 대해 사진 촬영이 가능한지 물어볼 때 활용할 수 있는 표현입니다.

3 요즘 제일 잘 나가는 브랜드가 어떤 거죠?

What's the best-selling brand / these days?

제일 잘 팔리는 브랜드는 뭔가요　　　　요즘

박람회나 전시장 이외에 어떤 스토어(store)를 방문했을 때도 활용해 볼 수 있는 표현입니다.
제일 잘 나가는 브랜드 the best-selling brand

4 이런 종류의 디자인이 최신 트렌드인가요?

Is this kind of design / the latest trend?

이런 종류의 디자인이 ~인가요　　　최신의 트렌드

이런 종류의 this kind of
최신 트렌드 the latest trend

5 이 제품의 주 고객층은 누군가요?

Who is your customer base / for this product?

당신의 주 고객층은 누구죠   이 제품에 대한

> 박람회장에서 '이 제품은 누구를 위한 것이냐/타겟 고객이 누구냐' 등을 물어볼 때 유용한 표현입니다.
> 고객층 customer base

6 이 제품은 어떻게 사용하는지 보여주실래요?

Could you show me / how to use this product?

나에게 보여줄래요   이 제품을 어떻게 사용하는지

> '…에게 보여줄래요?'로는 보통 「Could you show (someone) ~ ?」 구문을 활용할 수 있습니다. '~을 어떻게 사용하는지'는 「how to use ~」로 표현하면 되고요.

7 이 모델에서 제일 좋은 특징을 뭐라고 얘기하시겠어요?

What would you say / are the best features of this model?

뭐라고 얘기하시겠어요   이 모델의 제일 좋은 특징들이

> 어떤 제품의 특징, 독특한 기능을 표현할 때 feature를 쓸 수 있습니다. '~에 대해 당신은 뭐라고 하겠습니까?'라고 물을 때 「What would you say ~?」 구문을 쓰면 됩니다.

8 이 아이템은 언제 아시아 지역에 출시될 예정인가요?

When will this item hit stores / in Asia?

이 아이템은 언제 출시될 건가요   아시아 지역에

> 출시되다 hit stores

낭독 훈련으로 문장을 체화하라

이번에는 문장을 처음부터 끝까지 죽 이어서 듣고 강세와 청크에 유의하며 따라서 말해 보세요. (천천히 5회, 빨리 5회)

Coaching

1 이 브로슈어 하나 가져가도 되나요?

Can I take one of these brochures?

2 여기서 사진 찍는 게 허락되는지요?

Am I allowed / to take a picture here?

Am I 부분이 연음되어 [애마이]처럼 발음되고요, allowed to에서 [d]와 [t]가 부딪혀 [d]가 탈락하게 됩니다. 일반의문문으로 억양은 문장 끝에서 올라가는 형태가 됩니다.

3 요즘 제일 잘 나가는 브랜드가 어떤 거죠?

What's the best-selling brand / these days?

4 이런 종류의 디자인이 최신 트렌드인가요?

Is this kind of design / the latest trend?

kind of에서 연음이 일어나고요, latest trend에서 [t]가 두 개 겹쳐서 하나가 탈락하게 됩니다. latest 중간의 [t]는 빠르게 발음되면 [r]로 약화됩니다. the latest trend 부분이 하나의 의미 덩어리로 design과 the 사이에서 잠시 끊어 읽기를 해줍니다.

Coaching

5 이 제품의 주 고객층은 누군가요?

Who is your **customer** base / for this **product**?

6 이 제품은 어떻게 사용하는지 보여주실래요?

Could you **show** me / how to **use** this **product**?

7 이 모델에서 제일 좋은 특징을 뭐라고 얘기하시겠어요?

What would you say / are the best **features** of this **model**?

의문사 What과 are 사이에 would you say가 추가되었으므로 are 앞에서 잠시 끊어 읽기를 해줍니다. features of에서 연음이 일어나고요, model은 [모델]이 아니라 [마를]로 발음해야 합니다.

8 이 아이템은 언제 아시아 지역에 출시될 예정인가요?

When will this item **hit** stores / in **Asia**?

item의 [t]는 [r]로 약화됩니다. stores의 복수형 어미 '-s' 발음을 빼먹지 않도록 하고요, Asia는 [아시아]가 아니라 [에이저]같이 발음되는 것에 주의하세요.

38 박람회·전시장 등을 관람할 때 265

성공 비즈니스톡에 도전하라

해결사 문장들을 실제 비즈니스 대화에서 활용해 봅시다. 우리말 부분을 1초 내로 말할 수 있는지 확인해 보세요.

Talk 1

A: We expect this to be a hot selling item when it's released.

B: 이 제품의 주 고객층은 누군가요?

　　Young people, families, or the general public?

A: It's been designed with young people in mind.

release 출시하다 / general 일반적인 / in mind 염두에 둔

Talk 2

A: This latest item of ours is unlike anything you've seen before.

B: 이 모델에서 제일 좋은 특징을 뭐라고 얘기하시겠어요?

A: The main advantage is how user-friendly it is.

B: I think you're right. I can feel that.

unlike ~와 다른 / advantage 이점, 장점 / user-friendly 사용자 친화적인(편리성의)

Talk 1
A: 이 아이템은 출시되면 히트 상품이 될 거라 예상하고 있습니다.
B: **Who is your customer base for this product?**
　젊은 층, 가족, 아니면 일반 대중?
A: 젊은 층을 염두에 두고 디자인된 것입니다.

Talk 2
A: 자사의 이 최신 아이템은 전에 보신 어떤 것과도 다른 모델입니다.
B: **What would you say are the best features of this model?**
A: 주된 장점은 사용자 편리성이죠.
B: 그 말씀이 맞는 것 같네요. 그걸 느낄 수 있겠어요.

상황 39 관심 제품·서비스에 대해 정보를 얻을 때

해외 박람회 등에서 특정 제품이나 서비스에 관심이 갈 때 보다 자세한 정보를 알아두는 건 중요한 업무 활동일 것입니다. 나중에 또 기회가 있을 수 있겠지만 오늘 표현을 통해서 바로 그 순간에 필요한 정보를 최대한 챙겨두는 게 좋겠죠.

Biz 공감 문장을 찾아라

다음 상황 해결사 문장들 중 내가 스피킹하고 싶은 공감 문장에 체크하고, 주어진 단어를 활용해 영어로 말해 보세요.

✔ 1 여기 사진에 나온 제품 있으신가요? the product pictured here

☐ 2 이 제품에 대해서 자세히 말씀해 주실래요? tell me more

☐ 3 샘플하고 제품 세부 설명서를 얻고 싶은데요. product details

☐ 4 이전 제품과 지금 이 모델은 어떤 차이가 있죠? the previous one

☐ 5 대량 구매는 가능한가요? 그럼, 한 번에 얼마나 할 수 있나요? purchase this in bulk

☐ 6 정말 추천해 주고 싶은 또 다른 제품 혹시 있으세요? any other products

☐ 7 귀사 서비스에 고객들이 정말 좋아하는 건 뭐라고 생각하세요? about your service

☐ 8 이 서비스가 한국 같은 지역에서도 효과적일 거라고 보시는지요? in your opinion, work

문장이 잘 안 만들어진다면 어떻게 말하면 되는지 지금부터 알아볼까요?

청크로 스피킹을 확장하라

문장을 영어 어순에 따라 조금씩 확장하며 말해 보세요.

1 여기 사진에 나온 제품 있으신가요?

Do you have the product / pictured here?

그 제품이 있나요　　　　　　　여기 사진에 나온

> 브로슈어나 광고지에 나온 제품을 실제로 한번 보고자 할 때 그 제품이 있는지 물어보는 표현입니다. '사진에 나온 제품'은 the product pictured로 product와 pictured 사이에 which is가 생략돼 있습니다.

2 이 제품에 대해서 자세히 말씀해 주실래요?

Can you tell me more / about this product?

나에게 더 말해 줄래요　　　　　이 제품에 관해서

> 박람회나 전시장에서 관심이 가는 제품이 눈에 띌 때 바로 써 먹을 수 있는 표현입니다.

3 샘플하고 제품 세부 설명서를 얻고 싶은데요.

I'd like to / get some samples and product details.

~하고 싶습니다　　샘플하고 제품 세부 설명서를 얻는 것을

> 관심이 가는 제품에 대해 실질적인 정보를 얻고자 할 때 쓸 수 있는 표현입니다.
> 제품 세부 설명서 product details

4 이전 제품과 지금 이 모델은 어떤 차이가 있죠?

How's this model different / from the previous one?

이 모델이 어떻게 다른가요　　　　이전의 것으로부터

> ~와 차이가 있다 be different from
> 이전의 previous

🎧 39-01

5 대량 구매는 가능한가요? 그럼, 한 번에 얼마나 할 수 있나요?

Can we purchase this in bulk? / If so, how
우리가 이걸 대량 구매할 수 있나요　　　　　그렇다면 한 번에 얼마나요
many at one time?

> 필요하다면 실제 주문을 할 수도 있을 만한 제품에 대해 대량 주문 가능성도 물어봐야겠지요.
> ~을 대량 구매하다 purchase (something) in bulk

6 정말 추천해 주고 싶은 또 다른 제품 혹시 있으세요?

Do you have any other products / you really
또 다른 제품이 있는지요　　　　　　　　　당신이 정말
want to recommend?
추천하고 싶은

> 관심 가는 제품에 대한 설명을 들은 후 더 낫거나 특별한 다른 제품은 또 없는지 한번 물어볼 수 있지요. 그때 쓰는 표현입니다.
> 또 다른 ~ any other (something)

7 귀사 서비스에 고객들이 정말 좋아하는 건 뭐라고 생각하세요?

What do you think / clients really like about
뭐라고 생각하세요　　　　　고객들이 당신의 서비스에 대해
your service?
정말 좋아하는 것이

> 핵심 포인트를 얻고자 할 때 질문으로 활용할 수 있는 표현입니다.

8 이 서비스가 한국 같은 지역에서도 효과적일 거라고 보세요?

In your opinion, / would this service work /
당신 의견에　　　　　　이 서비스가 효과적일까요
in a place like Korea?
한국 같은 장소에서

> 상대방의 의견을 물어볼 때 질문 앞에 In your opinion을 쓸 수 있습니다.
> 효과적이다/잘 작동하다 work

낭독 훈련으로 문장을 체화하라

이번에는 문장을 처음부터 끝까지 죽 이어서 듣고 강세와 청크에 유의하며 따라서 말해 보세요. (천천히 5회, 빨리 5회)

Coaching

1 여기 사진에 나온 제품 있으신가요?

Do you have the **product** / **pictured** here?

2 이 제품에 대해서 자세히 말씀해 주실래요?

Can you **tell** me **more** / about this **product**?

Can you는 연음되어 [캐뉴]로 발음되고요, more about 부분이 빠르게 발음되어 끊어 읽기가 사라지게 되면 연음이 일어나 [모어러바웃]처럼 발음됩니다. about this에서도 [t]가 뒤의 [ð] 영향으로 거의 사라지게 됩니다.

3 샘플하고 제품 세부 설명서를 얻고 싶은데요.

I'd like to / **get** some **samples** and **product** details.

4 이전 제품과 지금 이 모델은 어떤 차이가 있죠?

How's this model **different** / from the **previous** one?

의문사가 있는 의문문은 문장 끝에서 억양이 내려갑니다. model의 강세는 앞쪽에 오는 것에 주의하세요. different from에서 different의 [t]는 거의 사라지게 됩니다.

Coaching

■ 5 대량 구매는 가능한가요? 그럼, 한 번에 얼마나 할 수 있나요?

Can we purchase this in bulk? / If so, how many at one time?

■ 6 정말 추천해 주고 싶은 또 다른 제품 혹시 있으세요?

Do you have any other products / you really want to recommend?

■ 7 귀사 서비스에 고객들이 정말 좋아하는 건 뭐라고 생각하세요?

What do you think / clients really like about your service?

about your에서 연음이 일어나고요. think의 [θ] 발음에 주의하세요.

■ 8 이 서비스가 한국 같은 지역에서도 효과적일 거라고 보세요?

In your opinion, / would this service work / in a place like Korea?

쉼표 뒤에서 끊어 읽기를 해주고요. would this 부분에서 would의 [d]는 뒤에 오는 자음 [ð]에 부딪혀 거의 사라지게 됩니다. this service에서 [s]는 두 개가 겹쳐서 하나가 탈락되고요, work in a에서도 연음이 일어나 [월-끼너]처럼 발음됩니다.

39 관심 제품·서비스에 대해 정보를 얻을 때 271

39-03

성공 비즈니스톡에 도전하라

해결사 문장들을 실제 비즈니스 대화에서 활용해 봅시다. 우리말 부분을 1초 내로 말할 수 있는지 확인해 보세요.

📢 Talk 1

A: You seem to be really interested in this product.

B: Yes, I am. 샘플하고 제품 세부 설명서를 얻고 싶은데요.

　　Who would be the best person to talk to?

A: I can help you with that.

seem to ~인 것 같다 / interested 관심이 있는

📢 Talk 2

A: We also have a new model here which is becoming quite popular.

B: 이전 제품과 지금 이 모델은 어떤 차이가 있나요?

A: Well, it's a lot lighter and easier to handle.

B: Can I see the other one again so I can compare?

light 가벼운 / handle 다루다, 만지다 / compare 비교하다

Talk 1
A: 그 제품에 관심이 많으신 것 같네요.
B: 네, 그렇습니다. **I'd like to get some samples and product details.**
　어느 분께 말씀드리는 게 제일 좋을까요?
A: 제가 도와드릴 수 있습니다.

Talk 2
A: 여기 이 신 모델도 있는데요. 인기가 꽤 있습니다.
B: **How's this model different from the previous one?**
A: 음, 훨씬 가볍고요, 사용하기도 더 편리합니다.
B: 그 전의 것 다시 한번 보여 주실래요? 비교 한번 해보게요.

상황 40 분실·도난·사고를 당했을 때

그럴 일이 있어서는 안 되겠지만 우리는 항상 사고의 위험에 노출되어 있습니다. 더군다나 해외에서 언어 장벽이 있을 땐 더욱 난감할 텐데요. 오늘은 분실이나 도난, 또는 사고를 당했을 때 즉시 활용할 수 있는 표현들을 익혀 봅시다.

Biz 공감 문장을 찾아라

다음 상황 해결사 문장들 중 내가 스피킹하고 싶은 공감 문장에 체크하고, 주어진 단어를 활용해 영어로 말해 보세요.

☑ 1 혹시 휴대폰 분실물 들어온 것 없어요?　　　brought in

☐ 2 제 서류가방을 잃어버린 것 같은데요.　　　has gone missing

☐ 3 공항 셔틀버스에 작은 가방 하나를 두고 내렸는데요.　　　left a small bag

☐ 4 길을 걷고 있는데 한 남자가 제 가방을 낚아채서 달아났어요.　　　ran off with my bag

☐ 5 호텔 경비를 불러 주시겠어요?　　　hotel security

☐ 6 응급처치 할 줄 아는 분 혹시 계세요?　　　first-aid

☐ 7 제 동료가 다쳤는데 지금 피를 많이 흘리고 있어요.　　　is bleeding heavily

☐ 8 제가 지금 굉장히 아픈데 누구를 좀 불러 주시겠어요?　　　call someone

문장이 잘 안 만들어진다면 어떻게 말하면 되는지 지금부터 알아볼까요?

청크로 스피킹을 확장하라

문장을 영어 어순에 따라 조금씩 확장하며 말해 보세요.

1 혹시 휴대폰 분실물 들어온 것 없어요?

Has anyone brought in / a lost cellphone?

누가 들고 온 적 없나요   잃어버린 휴대폰을

> 분실물 보관소에 갔을 때 활용할 수 있는 표현인데요, 사람(anyone)을 주어로 해서 표현하는 것에 주목해 주세요.
> ~을 들고 오다 bring in

2 제 서류가방을 잃어버린 것 같은데요.

It seems / my briefcase has gone missing.

~인 것 같아요   제 서류가방이 분실됐어요

> 뭔가를 도난당하거나 잃어버리거나 했을 때 '뭐가 없어져 버렸다'는 의미로 (something) has gone missing을 쓸 수 있습니다.
> ~인 것 같다 It seems (that) ~

3 공항 셔틀버스에 작은 가방 하나를 두고 내렸는데요.

I left a small bag / in the airport shuttle bus.

작은 가방을 두고 내렸어요   공항 셔틀버스에

> ~를 두고 내리다 leave

4 길을 걷고 있는데 한 남자가 제 가방을 낚아채서 달아났어요.

When I was walking on the street, / a man

내가 길을 걷고 있었는데   한 남자가

ran off with my bag.

내 가방을 낚아채서 달아났어요

> '~하고 있었는데 ~했다'는 식으로 이야기를 할 때는 'When 과거진행형, 주어+과거형 동사'의 형태를 쓸 수 있습니다.
> ~을 날치기하다 run off with

274 PART **4** Business Traveling

5 호텔 경비를 불러 주시겠어요?

Can you send hotel security?

호텔 경비를 불러 줄래요

> 밖에 나갔다 왔는데 호텔방에 도난 등이 발생했다면 도움이 필요하겠죠. 그때 쓰는 표현입니다.
> 호텔 경비 | hotel security

6 응급처치 할 줄 아는 분 혹시 계세요?

Does anyone know first-aid?

누가 아무나 응급처치 할 줄 아는 사람 있나요

> 응급처치 first-aid
> 응급처치를 할 줄 알다 know first-aid

7 제 동료가 다쳤는데 지금 피를 많이 흘리고 있어요.

My colleague has been hurt, / and he's

내 동료가 다쳤어요   그가 피를 많이 흘리고 있어요

bleeding heavily.

> 다쳐서 지금도 그 상황이 계속되는 것이므로 현재완료로 표현합니다.
> 피를 많이 흘리다 bleed heavily

8 제가 지금 굉장히 아픈데 누구를 좀 불러 주시겠어요?

I'm feeling really sick, / so can you call

내가 지금 굉장히 아픕니다.   그래서 누구를 좀 불러 줄래요

someone for me?

> 메스껍거나 속이 불편하면서 아플 때 feel sick으로 표현할 수 있고요. '누구를 부르다'는 말 그대로 call someone을 쓰면 됩니다.

낭독 훈련으로 문장을 체화하라

이번에는 문장을 처음부터 끝까지 죽 이어서 듣고 강세와 청크에 유의하며 따라서 말해 보세요. (천천히 5회, 빨리 5회)

Coaching

1 혹시 휴대폰 분실물 들어온 것 없어요?

Has anyone brought in / a lost cellphone?

Has anyone은 연음되어 [해-재니원]처럼 발음되고요, brought in은 [t]가 [r]로 약화되어 [브롸-린]같이 발음됩니다. lost cellphone 부분에서 [t]는 거의 사라지게 되고요, phone의 [f] 발음에 주의하도록 합니다.

2 제 서류가방을 잃어버린 것 같은데요.

It seems / my briefcase has gone missing.

3 공항 셔틀버스에 작은 가방 하나를 두고 내렸는데요.

I left a small bag / in the airport shuttle bus.

4 길을 걷고 있는데 한 남자가 제 가방을 낚아채서 달아났어요.

When I was walking on the street, / a man ran off with my bag.

종속절 끝의 쉼표 뒤에서 잠시 끊어 읽고요, When I를 빠르게 읽으면 [웨나이]처럼 발음됩니다. walking에서 [l]은 묵음으로 [와-킹]으로 발음되고요, ran off 부분에서 연음이 일어나 [래-노프]처럼 발음됩니다.

훈련 횟수 및 암송 확인 체크

276 PART 4 Business Traveling

5 호텔 경비를 불러주시겠어요?

Can you send **hotel** security?

6 응급처치 할 줄 아는 분 혹시 계세요?

Does **anyone** know **first**-aid?

7 제 동료가 다쳤는데 지금 피를 많이 흘리고 있어요.

My **colleague** has been **hurt** / and he's **bleeding heavily**.

Coaching

colleague는 [칼리-그]로 발음되고요, 등위접속사 and 사이에서 잠시 끊어 읽기를 해줍니다. bleeding에서 [d]는 약화돼서 [블리링]으로 발음되고요, heavily는 [헤빌리]보다 [헤블리]에 가깝게 발음됩니다.

8 제가 지금 굉장히 아픈데요. 누구를 좀 불러주시겠어요?

I'm feeling really **sick**, / so can you **call** someone for **me**?

I'm은 [암-]처럼 발음되고요, feeling의 [f] 발음, really의 [r] 발음에 주의하도록 합니다. [f]를 [p]로 발음하거나 [r]을 [l]로 발음하게 되면 전혀 다른 뜻의 단어로 들려 상대방을 혼란에 빠뜨릴 수도 있기 때문입니다.

성공 비즈니스톡에 도전하라

해결사 문장들을 실제 비즈니스 대화에서 활용해 봅시다. 우리말 부분을 1초 내로 말할 수 있는지 확인해 보세요.

📢 Talk 1

A: Yes, what can I do for you?

B: 공항 셔틀버스에 작은 가방 하나를 두고 내렸는데요.

My wallet and passport were in it.

A: Oh, I see. Do you remember about what time you took the bus?

B: Sometime around 3:30 p.m.

wallet 지갑 / passport 여권 / sometime around 즈음에

📢 Talk 2

(over the phone)
A: Yes, Mr. Kang, what can we do for you this evening?

B: 호텔 경비를 불러주시겠어요?

My room has been broken into.

A: Yes, certainly. We'll send someone right away.

B: Thank you.

be broken into 침입을 당하다, 도둑이 들다 / right away 즉시

Talk 1

A: 네, 뭐 도움 필요하신 것 있으세요?

B: **I left a small bag in the airport shuttle bus.**
제 지갑과 여권이 그 안에 있습니다.

A: 아, 그래요. 몇 시 정도에 버스를 타셨는지 기억하세요?

B: 오후 3시 반쯤인데요.

Talk 2

(전화 통화로)
A: 네, 강 선생님, 무엇을 도와드릴까요?

B: **Can you send hotel security?**
제 방에 도둑이 들었습니다.

A: 알겠습니다. 즉시 사람을 보내 드리겠습니다.

B: 고맙습니다.

278 PART **4** Business Traveling

이 문장만은 반드시!

1. 제 자리를 통로 쪽에서 창가 쪽으로 바꿀 수 있을까요?
Can I change my seat from aisle to window?

2. 이게 금지 품목인지 몰랐고요, 그냥 단순한 실수일 뿐입니다.
I didn't know this item was not allowed – just an honest mistake.

3. 조금만 더 앞으로 가서 세워 주실래요?
Would you mind pulling up a little further?

4. 버스 타고 돈을 내나요, 아니면 표를 먼저 사야 하나요?
Do I pay on the bus or should I buy a ticket first?

5. 여기가 제퍼슨 가(街)와 먼로 가(街)가 만나는 모퉁이 맞나요?
Is this the corner of Jefferson and Monroe street?

6. 존슨 빌딩이 이 근방에 있는지요?
Is the Johnson building around here somewhere?

7. 저희 예약 좀 계속 잡고 있어 주실래요?
Would you hold our reservation?

8. 공항으로 출발하기 전까지 짐을 여기 좀 맡겨도 되는지요?
Can I leave my bags here until I have to go to the airport?

9. 좀 조용한 자리로 앉을 수 있을까요?
Could you seat us some place quiet?

10. 빈 그릇들 좀 치워 주시겠어요?
Would you please take our empty dishes away?

11. 돌아가서 논의해 보고 곧 알려드리겠습니다.
When I get back, we'll discuss it and let you know soon.

12. 이 아이템은 언제 아시아 지역에 출시될 예정인가요?
When will this item hit stores in Asia?

13. 여기 사진에 나온 제품 있으신가요?
Do you have the product pictured here?

14. 대량 구매는 가능한가요? 그럼, 한 번에 얼마나 할 수 있나요?
Can we purchase this in bulk? If so, how many at one time?

15. 제 서류가방을 잃어버린 것 같은데요.
It seems my briefcase has gone missing.

글로벌 비즈니스 에티켓(Global Business Etiquettes)

글로벌 비즈니스 에티켓이라고 해서 아주 거창한 건 없습니다. 거의가 상식선에서 충분히 이해할 수 있는 부분이지요. 요즘은 진정한 지구촌 시대가 되어 세계 각지로 출장을 떠납니다. 불과 20여년 전만 해도 말로만 듣던 곳이 국제무대가 넓어지면서 수시로 드나드는 곳이 되었고요. 그래서 상식선에서 이해해야 하는 부분과 개별 국가만의 에티켓을 아는 게 필수가 되었습니다. 그 조금만 알면 되는 것을 몰라서 돌출행동으로 비춰져 어렵게 진행시켜 온 비즈니스를 망치면 안 되겠죠? 각 대륙별, 나라별로 알아두면 좋은 글로벌 비즈니스 에티켓을 소개합니다. 또 이런 문화 차이를 화제 삼아 스몰 토킹을 해보는 것도 흥미로울 것 같네요.

(참고: KOTRA 해외비즈니스정보포털 글로벌윈도우 http://www.globalwindow.org)

중국	• 집에 초대받아 음식을 먹을 때는 제공된 요리를 모두 빠짐없이 조금씩 맛보고 중간 중간 음식이 맛있다고 칭찬을 해준다. • 식사 중 생선을 뒤집으면 불길한 것으로 여기므로 주의한다. • 음식을 조금 남기도록 한다. 남김없이 먹어 치우면 음식이 충분치 않았다는 뜻으로 해석될 수 있기 때문이다. • 괘종시계는 중국어로 '죽음'과 같은 발음이고, 먹는 배와 우산은 '이별'과 발음이 같아서 선물로 가져가지 않는다. 꽃다발은 장례용으로 쓰이는 것으로 여기며, 손수건 역시 슬픔과 눈물을 상징하여 금기시하니 조심한다. 우리나라와 달리 식사 초대를 받아 갈 때 먹을 것을 선물로 가져가지 않는다. • 술잔은 가득 채워도 되지만 찻잔을 가득 채우면 업신여기는 뜻이 된다고 하니 반만 채운다. • 중국 사람들은 예의상 선물을 세 번 정도 거절하니 세 번은 권해야 한다.
일본	• 젓가락으로 음식을 집어서 젓가락으로 받는 행동을 금기시한다. • 상반신을 숙이고 음식을 먹지 않는다. • 한번 집은 음식은 다시 내려 놓으면 안 된다. • 흰색 꽃, 4와 관련된 선물, 칼은 금기시되는 선물 목록이다.

중동· 이슬람 국가	• 다리를 꼬고 앉아 상대방에게 신발 밑창을 보이는 것은 상대방을 모욕하는 자세이다. • 대화를 하면서 상대방의 눈을 마주치지 않으면 남을 속이거나 회피하는 것으로 해석된다. • 음식, 선물, 돈을 줄 때는 반드시 오른손을 쓴다. 왼손은 용변 후 씻을 때, 신발 닦을 때, 코 풀 때 사용하며, 아이 머리를 왼손으로 쓰다듬다가는 봉변을 당할 수 있다. • 이란에서는 엄지를 치켜들면 칭찬이 아니라 심한 욕이다. • 음식이 뜨거워도 후후 불어먹지 않는다. • 중동에서 부인의 안부를 묻는 것은 결례이다. • 여성에게 악수를 청하지 않는다.
인도	• 소가죽 지갑을 선물로 주지 않는다. • 인도인들은 상대방의 이야기에 귀를 기울일 때 고개를 좌우로 흔드는 습관이 있으므로 '노'라고 해석하지 않는다. • 인도인에게 파키스탄, 채식주의, 카스트 제도를 얘기하는 것은 실례이다. • 호의로 주는 과자나 차를 거절하면 모욕당했다고 여기므로 조금이라도 먹는 시늉을 해야 한다. • 언제든 오라고 하면 바로 약속을 잡는 것이 예의이다.
북미	• 미국에서 백합(lily)은 죽음을 의미하기 때문에 선물하지 않는다. • 캐나다에서 냅킨(napkin)은 '기저귀'를 뜻한다. 우리가 말하는 냅킨은 서비에트(serviette)라고 써야 한다.
영국	• 승리의 표시 V자를 상대방에게 손등이 보이게 할 때는 외설스러운 표현이 된다. • 집에 초대받아 갈 때는 집에서 케이크를 접대할 수 있으므로 케이크는 선물로 가져가지 않는다. • 스코틀랜드 사람에게 '잉글리시(잉글랜드 사람)'라고 하면 실례이다.
독일	• 테이블에 팔꿈치를 올려 놓거나 팔짱끼고 대화하기, 머리카락을 만지작거리는 행동은 큰 결례이다. • 대화 도중 주머니에 손을 넣는 것은 무례하다고 생각한다. • 업무상 대화에서 농담이나 사적인 이야기는 삼간다. 분위기를 화기애애하게 만들려다가 오히려 진지하지 못한 사람으로 오해받을 수 있다.

국가	내용
프랑스	● 빨간 장미는 구애의 의미이고 카네이션은 장례식에 쓰이는 꽃이므로 선물하지 않는다. ● 프랑스에서 닭고기를 손에 들고 먹으면 야만인 취급을 받을 수 있다.
이탈리아	● 소금, 후추를 다른 사람 손을 거쳐 받으면 좋지 않다는 미신이 있어 직접 가져와 사용한다. ● 자기 귀를 만지는 행동은 상대방을 모욕하는 사인이므로 주의한다. ● 거리의 작은 상점에 들어가면 꼭 물건을 구입해야 한다. 들어가는 것 자체가 물건을 산다는 의미이므로 확실히 사겠다는 생각이 들었을 때 들어가야 한다. ● 악수할 때 왼손을 바지 주머니에 넣고 있으면 실례이다.
베트남	● 웃음은 좋다는 의미보다 잘 이해하지 못했음을 의미할 수 있으므로 불명확한 것은 확실히 물어보고, 민감한 사안은 되도록 문서로 전달한다.
그리스	● 손바닥을 쫙 펴고 정면으로 뻗어 상대방 얼굴 쪽으로 들이대면 심한 욕이다.
러시아	● 콘서트에서 휘파람을 불면 연주가 불만족스럽다는 뜻이다.
터키	● 고개를 끄덕이면 '노', 좌우로 하면 '예스'이다. ● 음식을 남기면 결례이다. ● 식사 중 소리를 내거나, 코를 대고 냄새를 맡거나, 식히려고 입으로 불지 않도록 한다. ● 오케이 사인도 '동성애' 등 외설적인 표현을 의미한다.
말레이시아	● 문양이 들어간 장난감은 부정한 것으로 여겨서 삼간다. ● 개는 부정한 것으로 여기므로 장난감 강아지, 개 그림이 들어간 것은 선물하지 않는다. ● 이슬람교도에게 돼지고기와 술 선물은 금기이고, 돼지가죽으로 된 물건이나 알코올이 첨가된 향수 역시 안 된다.

OPIc 실전 모의고사 22회 + 주제별 답변 훈련
LTS 영어연구소 지음 | 178×257 | 472쪽 | 18,000원 | 테스트&훈련용 MP3 CD 1

실전과 훈련을 하나로! 국내 최다 실전 모의고사 수록!

OPIc 응시자들이 가장 선호하는 설문 항목을 바탕으로 실전 모의고사 22회분을 수록한 본격 실전 대비 훈련서. 실전 모의고사 형태를 3단계로 나누어, 각 단계별로 점진적으로 더 실전에 가깝게 도전할 수 있도록 하였다. 실전 모의고사 3단계인 Blind Test에서는 어떤 문제가 출제될지 알 수 없는 실전 상황과 동일한 환경에서 모의고사에 도전할 수 있도록 하였으며, 그에 대한 답변 스크립트는 부록 CD에 PDF 파일로 제공된다. 모의고사에 그치지 않고 답변 낭독 훈련 섹션을 통해 자신이 관심 있는 주제에 대해 문장 단위의 답변 훈련을 한 후, 그 문장들을 조합하여 자신의 상황에 맞는 답변을 만들 수 있도록 하였다.

- 주제별 답변 암기 훈련 MP3 파일
  실전처럼 도전하는 비공개 Blind Test 5회분 & 답변 스크립트 PDF, MP3 파일

OPIc 표현 사전
LTS 영어연구소 지음 | 178×257 | 672쪽 | 22,500원 | 오디오 표현 사전 MP3 CD 1

내 상황과 경험에 맞는 문장을 골라 나만의 맞춤 스토리를 만들자!

OPIc 최신 출제 경향을 분석하여 추출한 108개 주제, 5000여 개의 방대한 답변 문장이 수록된 국내 최초의 OPIc 표현 사전. OPIc 출제 위원이 출제할 수 있는 모든 문제를 빠짐없이 담고 있으며 자신의 상황과 경험에 맞는 문장을 골라 나만의 맞춤 스토리를 만들 수 있도록 이끌고 있다. OPIc 시험을 처음 준비하는 학습자부터 IM 이상의 상위 등급 획득을 목표로 한 학습자까지 누구라도 원하는 답변을 찾을 수 있다. 롤플레이와 돌발 주제도 다양하게 다루고 있어 고급 레벨을 준비하는 학습자들에게도 유용하다. 특별 보너스로 책 속의 모든 답변 문장을 네이티브 스피커의 음성으로 듣고 훈련하면서 나만의 답변 앨범을 만들 수 있는 MP3 CD가 제공되며, Actual Test 5회분을 통해 실전 감각도 키울 수 있다.

- 오디오 표현 사전 MP3 CD | Actual Test 5회분 | 오픽 정복을 위한 12가지 비법 & 자연스러운 화법 연출, 문장 연결 요령

OPIc 문장 조합 답변 공식
LTS 영어연구소 지음 | 188×257 | 320쪽 | 14,800원 | MP3 CD 1

만들어진 답변이 아니라 답변을 만드는 법을 알려 준다!

『OPIc 문장 조합 답변 공식』은 우선순위 필수 문장을 조합해서 블록을 쌓듯 완성 답변을 만들고, 그 답변을 다시 다양한 상황에 맞게 무한 확장할 수 있도록 하여 실전 시험에서 자신의 상황에 맞는 답변을 쉽게 만들 수 있는 힘을 길러 준다. OPIc 시험을 처음 준비하는 학습자가 우선순위로 공략해야 하는 〈1단계: 기본 유형별 필수 문장〉과 IM 상위 등급을 목표로 하는 학습자가 공략해야 하는 〈2단계: 심화 유형별 답변 프레임〉으로 구성되어 있어 단계적으로 목표를 달성할 수 있도록 하였다.

콤보 유형을 다룬 3단계까지 단계별로 학습한다면 문장 블록을 조합하여 '자신의 답변'을 스스로 만들어낼 수 있는 실전에 강한 스피킹 실력을 갖추게 될 것이다.